TEXTES DE LA RENAISSANCE
58

Les differens caracteres des femmes du siecle avec La description de l'amour propre

Cet ouvrage a été publié pour la première fois en 2002
dans la collection *Textes de la Renaissance* dirigée par Claude Blum.

Madame de Pringy

Les differens caracteres des femmes du siecle

avec

La description de l'amour propre

(Édition de 1694)

Édition critique par Constant Venesoen

PARIS
CLASSIQUES GARNIER

Constant Venesoen est professeur émérite de l'université de Western Ontario. Ses travaux portent principalement sur les auteurs du XVIIe siècle, ainsi que sur la riche contribution de la littérature féminine, illustrée par Marie de Gournay, Madame de Lafayette, Madame de Brégy, Madame de Pringy, Mademoiselle de Schurman. Nous lui devons notamment la *Thématique de la mère dans la tragédie racinienne* (Paris, 2016).

Réimpression de l'édition de Paris, 2002.

ISBN 978-2-406-13155-7 (livre broché)
ISBN 978-2-8124-5860-6 (livre relié)
ISSN 1262-2842

AVANT-PROPOS

Sauf s'il s'agit de Homère ou de Shakespeare, les deux cas les plus célèbres, il est d'usage de ne consacrer une étude littéraire qu'à des auteurs, hommes ou femmes, dont on connaît, sinon les va-et-vient quotidiens, du moins les grandes lignes biographiques. Une date de naissance permet aux historiens de situer leur personnage dans une chronologie psychologique révélatrice (?), ou dans un contexte social précis ; de mesurer les éventuelles influences subies, de jeunesse ou d'autres, voire d'opérer l'insertion de l'écrivain dans l'histoire des mentalités. Ainsi, les amitiés, les allégeances spirituelles ou politiques, voire une situation matrimoniale, concourent également à l'esquisse d'une personnalité dont l'œuvre serait un reflet. Il n'est pas surprenant qu'une collection critique célèbre de jadis se présentait sous la rubrique « L'homme et l'œuvre », donnant ainsi quelque crédit conjectural, sinon illusoire aux liens entre l'artiste et sa création. Il faut pourtant se résoudre en fin de compte à voir la réalité des déficiences historiques : « l'histoire littéraire pourrait-elle, par privilège, se demanda Servais Étienne, unir les faits biographiques, en quelque nombre qu'ils soient, quelque assurés qu'ils soient, à l'œuvre littéraire, comme un antécédent à un résultat ?[1] ». De là le débat ancien entre ceux qu'Étienne appelle les « historiens qui disent que l'histoire littéraire nous rapproche de l'œuvre » et les « non-historiens (qui) voient dans l'histoire littéraire une des branches de l'histoire ; les premiers déclarent l'histoire indispensable, les seconds parfaitement inutile à l'intelligence des écrivains[2] ». Ajoutons, surtout à l'intelligence des œuvres.

Après cette discussion de clercs, où résonnent encore les noms de Lanson, de Brunetière ou de Mornet, le structuralisme bouleversa tout. On en vint allègrement à la « découverte » des plaisirs freudiens, avec de furtives incursions chez Jung, suivie plus tard de la canonisation de Lacan et consorts. L'individu fut ainsi plus ou moins dépouillé de sa fiche biographique que l'on avait promptement remplacée par une fiche

---

[1] Servais, Étienne, *Défense de la philologie*, Bruxelles, Éditions Lumière, 1947, p. 11.

[2] *Défense de la philologie*, p. 28.

clinique. Au lieu de dire que l'homme explique l'œuvre, on décréta cette fois que l'œuvre explique l'homme !

Tous ces problèmes de méthodologie nous ont été épargnés dans la mesure où nous savions sans doute un certain nombre de choses de l'époque à laquelle Madame de Pringy a vécu, mais que nous ne savions rien de bien précis à son sujet, ni date de naissance, ni date de décès. Son milieu ? Sans doute le cercle intime de Bourdaloue. Ses amis ? Qui sait ? sauf qu'il semble bien qu'elle fût l'amie d'Anne Bourdaloue, dont nous ne savons pas grand-chose non plus, sauf qu'elle avait épousé le frère cadet de Michel Chamillart. Nous fréquentons donc du beau monde.

A en juger par ses traités, Madame de Pringy n'était pas exempte de dévotion, voire de bigoterie. On devine une vraie chrétienne selon les vœux de l'autorité ecclésiastique pour laquelle elle semble avoir eu le plus grand respect. Pourtant, après son premier veuvage, le comte de Pringy, autre inconnu, ayant rendu l'âme, elle ne se retira pas du monde, comme c'était souvent l'usage, mais, au contraire, épousa en secondes noces Monsieur d'Eaura, mari aussi inconnu que le premier. On parle d'elle, certes, mais exclusivement dans *Le Mercure galant*, tandis qu'aucun écrivain remarqué de son époque n'a senti la nécessité d'évoquer son nom. Ni Madame de Sévigné, la commère du siècle, ni Nicolas Boileau, le gazetier malgré lui, ni Saint-Simon, le journaliste fureteur le plus en vue. Cette dame est passée comme un nuage, se dissipant à tout jamais après avoir formé quelques esquisses de son talent dans un ciel littéraire indifférent.

Son œuvre, il est vrai, n'est guère monumentale, mais elle pèse néanmoins sur l'histoire et le profil de la femme française au XVIIe siècle. Du côté du féminisme balbutiant de l'époque, on a surtout retenu Marie de Gournay, à la rigueur Madeleine de Scudéry, et, récemment, Gabrielle Suchon. Nombreux sont ceux qui se sont penchés sur la passion féminine, exprimée, et réprimée, chez Madame de Lafayette, ou, déchirante, chez Madame de Villedieu. On a failli croire que toutes les femmes du Grand Siècle ressemblaient aux Andromaque, Bérénice ou Phèdre, après avoir été des Chimène, des Pauline ou des Rodogune. L'image de la femme de ce temps a constamment été masquée sous des apparences de grandes amoureuses, viriles du temps de Corneille, languissantes du temps de Racine. La Princesse de Clèves, aussi charmante soit-elle, reste une image d'Épinal que l'imagination de sa créatrice, avec l'aide de La Rochefoucauld, offre au désir masculin. La femme « littéraire » du XVIIe siècle est donc essentiellement la projection de fantasmes bisexuels. Les uns se l'imaginent forte ou langoureuse, encore que toujours soumise. Les autres la hissent sur un piédestal où elle apparaît comme une déesse inviolable mais adulée. Les femmes, les vraies, témoins de leur propre portrait enjolivé, ont pu s'émouvoir devant une telle idéalisation concertée. Elles en ont peut-être soupiré d'aise ou ri sous cape, sachant bien dans le fond d'elles-mêmes que leur vérité était ailleurs. Que La Rochefoucauld ou La Bruyère les dénudent un peu, et avec quel talent, et elles risquent de s'offusquer : il faut bien jouer le jeu de la vierge offensée.

Survient Madame de Pringy, impitoyable, redoutable. Nous sommes à la fin du siècle, et les dames du grand monde, bourgeoises ou marquises, ont enfin levé la visière. A force d'être portées aux nues, dans la littérature s'entend, elles se sont mises à croire qu'elle pouvaient réellement exercer une autorité inconditionnelle sur les hommes et sur le monde nouveau. Elles jouissaient enfin d'une émancipation sociale tant attendue, et toutes les répressions de jadis pouvaient cette fois éclater au grand jour. Le Molière de *L'École des femmes*, du *Misanthrope* ou des *Femmes savantes* ne s'était finalement pas trompé sur leur compte. Sur un mode plus grave, voire un peu empesé, Madame de Pringy prend la relève du détracteur de génie, de concert avec Nicolas Boileau que l'on accusera aussitôt de misogynie. La femme qui émerge des *Differens caracteres des femmes du siecle* n'est ni flattée, ni admirée ni déifiée. Elle apparaît dans une réalité cruelle, presque caricaturale, comme il arrive souvent lorsqu'on cherche à faire la leçon à quelqu'un. Mais grâce à toutes les infirmités que Madame de Pringy lui trouve, elle reste vraie et vivante, même si tout équilibre entre ses défauts et ses qualités a été brutalement bouleversé. Le portrait de la femme, peint par Madame de Pringy, n'affiche aucun sourire doucereux, et peu d'élégance dans le geste ou le maintien. Madame de Pringy force les femmes à assumer leur nature, sans fard ni déguisement. Le seul regret que l'on ait, c'est que de la médaille à l'effigie de la femme on n'apercevra que la face sauvage. La grimace, et non le sourire. Les griffes et non la douceur de son toucher. Image de misogyne, dira-t-on, même si Madame de Pringy ne hait pas les femmes : elle déplore leur conduite, mais elle ne désespère pas de leur salut, ici-bas ou là-haut. Sa charité chrétienne ne permit pas qu'elle haïsse ses consœurs.

Enfin, la nouveauté dans cette caractérologie de la femme enregistrée par Madame de Pringy, c'est que la femme de la fin de siècle n'apparaît plus comme une victime brimée depuis des temps immémoriaux, justifiée même par nos critiques féministes qui applaudissent à toutes ses revendications extrêmes, à sa lutte libératrice (!), à son émancipation sociale, quelque scandaleuse qu'elle soit. Madame de Pringy nous ramène à la réalité du moment. Sa pensée est teintée, certes, de convictions religieuses étriquées ; nous l'avons dit, elle frôle à l'occasion la caricature, le grossissement et la difformité des traits. Il y a chez elle une emphase morale et spirituelle qui risque d'agacer, mais derrière le mascaron « des femmes du siecle » on devine une réalité humaine qui est à la fois touchante et inquiétante.

Les éditions de 1694 et 1699

Il existe deux éditions parisiennes des *Differens caracteres des femmes du siecle avec la description de l'amour propre contenant six caracteres et six perfections*. Une de 1694, la seconde de 1699. Le frontispice de chaque édition est identique, sauf que la première est anonyme, tandis que la seconde porte le nom de Madame de Pringy, et la mention « Seconde édition augmentée ». La première a été imprimée « Chez la Veuve de Charles Coignard et Claude Cellier ». La seconde « Chez Medard-Michel Brunet ».

A propos de la seconde édition, *Le Mercure galant* écrit que Madame de Pringy « a eu soin d'y ajoûter dans cette seconde Edition beaucoup de choses qui sembloient manquer pour le [l'ouvrage] mettre dans la perfection où il pouvoit estre,... ».

Après avoir consulté cette seconde édition, nous avons indiqué les ajouts et les variantes dans des notes en bas de page. Les variantes mineures sont entre parenthèses.

Les variantes de la seconde édition de 1699

Dans la seconde édition, Madame de Pringy reprend la préface de l'édition de 1694, suivie d'une mise au point d'ordre textuel. D'après elle il s'agit d'une refonte. Elle écrit : « Mais comme le débit qui s'est fait de cet Ouvrage m'a obligée d'en faire une nouvelle édition, j'ay eû soin de corriger beaucoup de choses qui m'estoient échapées, et d'y ajoûter ce qui sembloit manquer à sa derniere perfection. Le Lecteur aura lieu d'estre plus content de la pureté des sentimens, et de l'exactitude des expressions, que je me suis estudiée de reduire aux regles les plus severes de la doctrine et de la langue. Ainsi j'espere que ce nouveau travail sera tout ensemble et plus utile et plus agreable ».

Disons crûment qu'il n'en est rien. Les variantes textuelles sont toutes relativement insignifiantes, n'apportant aucun changement d'importance à la pensée de l'auteur, n'explicitant nulle réflexion et, surtout, ne contribuant en rien à « la pureté des sentimens » ou à « l'exactitude des expressions ». Nous les avons néanmoins indiquées en bas de page.

Les seuls changements que l'on remarque, et que l'on doit peut-être davantage à l'imprimeur plutôt qu'à Madame de Pringy, concernent, d'une part l'orthographe, plus soignée dans la seconde édition, et, d'autre part, la ponctuation, plus conforme à la logique syntaxique ou à la fluidité du texte. Nous en fournissons quelques exemples en bas de page.

Établissement du texte

Pour l'édition de 1694, que nous reproduisons, nous n'avons corrigé que les erreurs les plus flagrantes, relevant surtout de coquilles ou d'évidentes fautes d'accord. Par ailleurs nous avons remplacé l'esperluette par « et » ; nous avons accentué les finales en « ée(s) » et remplacé l'accent aigu des finales en « ès », tout comme nous avons accentué les finales en « à ». Nous n'avons pas accentué le mot « caractere(s) » ni dans le titre de l'ouvrage ni dans le corps de l'ouvrage, conformément à l'orthographe dans le *Dictionnaire* de Furetière.

Madame de PRINGY

Notice bio-bibliographique

Il faut se rendre à l'évidence. Le nom de Madame de Pringy apparaît rarement dans des études historiques ou littéraires consacrées à la littérature du XVIIe siècle. Antoine Adam l'évoque très brièvement dans le sillage de La Bruyère[3], mais n'en fait aucun cas et n'apporte aucun détail. René Jasinski, pourtant plus attentif aux *minores*, l'ignore complètement, à l'instar de ses illustres prédécesseurs[4] et, à tout prendre, de ses moins illustres, encore que talentueux successeurs[5]. Pour des raisons que l'on s'explique difficilement, le nom et l'œuvre de Madame de Pringy sont restés en marge de la bibliographie se rapportant à l'histoire du XVIIe siècle. Il est étonnant même que la vague féministe qui déferle sur l'étude littéraire depuis plusieurs années, n'ait pas été séduite par la contribution de Madame de Pringy à la caractérologie féminine, surtout lors du crépuscule du règne de Louis XIV. Il est vrai que cette caractérologie chez Madame de Pringy n'est pas toujours des plus flatteuses, et que Poullain de la Barre, qui la précède de quelques années, offre une meilleure prise à la méthodologie féministe. Quoi qu'il en soit, Madame de Pringy

---

[3] Dans *Histoire de la littérature française au XVIIe siècle*, 5 t., Paris, Domat, 1956, t. V, p. 199.

[4] Gustave Lanson, *Histoire de la littérature française*, 2e éd., Paris, Hachette, 1908, ni Ch. M. Des Granges, *Histoire illustrée de la littérature française*, 7e éd., Paris, Hatier, 1922, ne la connaissent pas. Plus près de nous, la *Littérature française*, Paris, Larousse, 1967, t. I, sous la direction d'Antoine Adam, Georges Lerminier et Édouard Morot-Sire, ne la mentionne pas non plus. Une même absence dans le monumental *Dictionnaire des littératures de langue française*, sous la direction de J.P. de Beaumarchais, Daniel Couty et Alain Rey, Paris, Bordas, 1984. Dans l'*Histoire du féminisme français*, Paris, Éditions des femmes, 1977, t. I, p. 242, son nom apparaît en marge de l'œuvre que nous présentons ici. Wendy Gibson, dans sa belle étude sur la condition féminine au XVII siècle (voir bibliographie) l'évoque très brièvement à l'occasion de la présence des « joueuses ». Il y a pire, ni Madame de Sévigné, qui semble avoir connu tout le monde (!), ni Saint-Simon qui furette partout, ne semblent l'avoir connue. Madame de Pringy semble avoir été l'écrivain-fantôme.

[5] Une intéressante *Introduction à la vie littéraire du XVIIe siècle*, Paris, Bordas, 1970, de Jean-Claude Tournand, consacre tout un chapitre au concept de l'amour-propre selon les mondains (chapitre 4, III, p. 122-134), et ne mentionne pas une seule fois Madame de Pringy, l'auteur de la *Description de l'amour propre, Passion dominante des femmes*, à la suite des *Differens caracteres des femmes du siecle*.

apparaît comme *persona non grata*, ne fût-ce que par le mutisme de la critique littéraire à son endroit, depuis le XIXe siècle jusqu'à nos jours.

Quant aux ressources bio-bibliographiques, dont nous disposions et dont nous donnons une liste dans notre *Bibliographie générale*, elles ne sont jamais très éloquentes à son sujet. La *Biographie universelle, ancienne et moderne*, de J. F. Michaud, qui constitue pourtant un modèle du genre, ne souffle mot de Madame de Pringy. Jean-François de La Croix lui consacre quatre lignes, la qualifiant sommairement de « sçavante françoise ». Louis-Marie Prudhomme est légèrement plus explicite, mais se contente d'énumérer sans grande précison quelques-unes des œuvres attribuées à Madame de Pringy. Joseph-Marie Quérard, dans sa *France littéraire*, mentionne quelques œuvres glanées dans *Le Mercure galant*, et termine sa petite liste en disant que « quelques romans de Madame de Pringy n'ont pas été réimprimés », ce qui nous paraît sans conséquence. Enfin, le *Dictionnaire* de Briquet lui consacre vingt-huit lignes, nous apprenant qu'elle a vécu « dans le 17e siècle » et qu'elle est l'auteur des *Differens caracteres des femmes du siecle*, « où l'auteur n'a pas voulu reprocher aux femmes ces différents défauts, sans leur donner les moyens de s'en corriger ». L'analyse de Briquet est succinte, mais elle démontre néanmoins qu'il a lu, ou parcouru l'œuvre majeure de Madame de Pringy. Quant à ses renseignements bibliographiques, ils sont à la fois incomplets et flous.

Quand il s'agit de connaître, voire de deviner la date de naissance de Madame de Pringy[6], nous sommes confrontés à un mystère total, et nous doutons fort que sa coquetterie féminine, si elle en fut jamais coupable, y soit pour quelque chose. Les seules dates que l'on découvre en marge de son nom sont celles de ses *Differens caracteres des femmes du siecle*, c'est-à-dire 1694, et l'année 1709[7], cette dernière date étant celle de son remariage avec « Monsieur d'Eaura (ou d'Aura), seigneur d'Entraigues, de la Maison tres-illustre de la haute Auvergne, [dont le] bisayeul qui étoit officier géneral, étoit gouverneur

---

[6] Nous avons consulté le Centre parisien de la *Bibliothèque généalogique et d'histoire sociale* concernant la famille des Marenville (nom de jeune fille de l'auteur), des Pringy (nom de son premier mari), des Eaura (nom de son second mari). Aucun de ces patronymes ne figure au fichier de la bibliothèque.

[7] Voir le *National Union Catalog*.

de Conque et de Saint-Hylaire[8] ». C'est par la même occasion que *Le Mercure galant* nous apprend que « Madame de Pringy étoit veuve du Comte de Pringy, Capitaine au Regiment de Grancey, et fille de Mr de Marenville (ou Maranville), Garde du Trésor de la Chambre des Comptes de Paris, et connuë pour son esprit ainsi que par la beauté et par la solidité de ses ouvrages ».

Ses origines nobiliaires ne font pas de doute, car à l'occasion de la mort de sa belle-mère à l'âge de 104 ans, également nommée Madame de Pringy, le *Mercure* nous apprend en janvier 1704 que « La Maison de Pringy appartient à une vieille noblesse du Bourbonnais », et que « La défunte était la belle-mère de l'auteur, connuë dans la republique des lettres par plusieurs ouvrages qui lui ont acquis de la réputation ».

Il est également assuré que Madame de Pringy, devenue comtesse de Pringy, était reconnue par quelques chroniqueurs de son époque. A quel âge pourtant s'est-elle mariée ? A vingt ans ? à trente ans ? Même plus tard ? Si nous nous en tenons strictement à l'analyse interne de son œuvre principale, *Les Differens caracteres des femmes du siecle*, avec privilège de 1693, et publiée en 1694, nous pourrions conjecturer que l'auteur avait déjà acquis une bonne connaissance du monde, féminin et autre. L'œuvre émane incontestablement d'un esprit ayant atteint sa pleine maturité.

Les *Études généalogiques des Bourdaloue* d'Émile Tausserat nous apprennent que « Madame de Pringy, née Jeanne-Michelle Hamonin de Maranville, fille du garde de trésor de la Chambre des Comptes de

---

[8] *Le Mercure galant*, Paris, Théodore Girard [etc], 1672-1716, juillet 1709. Le *Dictionnaire de la noblesse*, 10 vol., réédition de la 3e édition de 1863-1876, Nancy, Berger-Levrault, 1980, mentionne une branche d'Entraygues, mais il est difficile d'identifier le second mari de Madame de Pringy. Le seul nom que l'on pourrait retenir est celui de « Victor, Chevalier de Malte, appelé le Chevalier d'Entraygues, capitaine au régiment du Roi en 1700, colonel d'un régiment d'infanterie de son nom en 1708, et Brigadier des armées du Roi, mort au château de Saint-Prest, près de Chartres » (t. 14, p. 500). Ni les noms d'Eaura (ou d'Aura), ni celui de Marenville (ou Maranville) ni celui de Pringy ne figurent dans le *Dictionnaire de la noblesse*. Il existe néanmoins un château d'Entraygues, où ont vécu successivement les familles Deaura, Baudières (descendant de Jean Deaura) et Falvelly (les présents propriétaires). Le château, à l'origine une maison forte désignée comme repaire, et dépendant du prieuré Notre-Dame du Pont, dans la paroisse de Leynhac, date de 1620-1622 (source : Philippe de Falvelly, et l'Association de Recherches Généalogique et Historique d'Auvergne).

Paris, mariée le 17 mars 1684 à François de Pringy, écuyer, sieur de d'Aubigny[9], capitaine ; puis remariée en 1709 avec d'Aura, seigneur d'Entraigues[10] », avait donc épousé François de Pringy en 1684, dix ans avant la parution de ses *Differens caracteres des femmes du siecle.*

Si nos conjectures ont quelque valeur, Madame de Pringy, auteur, avait au moins une bonne trentaine d'années, sinon davantage, au moment où elle publie son œuvre majeure. Cette hypothèse risquait cependant d'être légèrement ébranlée si nous nous fiions au Catalogue de la Bibliothèque nationale de France, où un premier supposé ouvrage de Madame de Pringy est enregistré à la date de 1685 : « *Les differens caracteres de l'amour* », publié à Paris, chez C. Blageart, et comportant 378 pages, in-12, c'est-à-dire plus volumineux que les *Differens caracteres des femmes du siecle*, qui ne comporte que 310 pages in-12.

L'attribution à Madame de Pringy des *Differens caracteres de l'amour*, d'après la Bibliothèque nationale, aurait été faite par Antoine-Alexandre Barbier, auteur du *Dictionnaire des ouvrages anonymes.* La *Bibliographie* de Cionarescu répète cette attribution, mais sans mentionner Barbier. Disons tout d'abord que nous avons consulté le *Dictionnaire* de Barbier, où les œuvres sont classées par ordre alphabétique des titres. Nulle part n'avons-nous trouvé *Les differens caracteres de l'amour*, ni sous « différent (s) » ni sous « caractère(s) » ni sous « amour(s) »[11].

En fait, l'ouvrage intitulé *Les diférens caracteres de l'Amour*, publié chez Blageart, est mentionné et abondamment commenté dans *Le Mercure galant*, en novembre 1684. Voici ce que dit le *Mercure* :

---

[9] François de Pringy, sieur de d'Aubigny, ne figure pas dans le *Dictionnaire de la noblesse*. Les d'Aubigny constituent une branche de la maison de Vandeuil, mais le seul d'Aubigny qui soit mentionné est Pierre-Timoléon, mort en août 1702 sur le champ de bataille.

[10] Voir *Revue Bourdaloue*, No. 4, 10 octobre 1903, p.560, note 3, dans « Bourdaloue, sa vie, ses sermons, ses œuvres. »

[11] Remarquons que le *Dictionnaire des ouvrages anonymes* de A.A. Barbier, Hildensheim, G. Olms, 1963, n'est pas toujours fiable. Ainsi, il mentionne une édition des *Differens caracteres des femmes du siècle, avec la description de l'amour-propre*, par Madame de Pringy, que Barbier date de 1650 (!), publiée à La Haye, chez S. de Hondt et J. van Ellinkhuysen, sans date ; en réalité cette publication se situe aux alentours de 1700. Faute d'impression sans doute.

> Le Sr. Blageart doit debiter dans quatre ou cinq jours un Livre nouveau, intitulé, *Les diférens caracteres de l'Amour.* Vous ne douterez point qu'il ne soit tres-bien écrit, quand je vous diray que son Autheur est de l'Académie Françoise. Vous sçavez, Madame[12], que ceux qui composent cette illustre Compagnie, ont un talent tout particulier pour donner aux choses ce tour noble et naturel qui semble s'offrir sans qu'on le cherche, et qui est pourtant si difficile à trouver. Ils pensent juste, et s'expriment avec la mesme justesse qui paroist dans ce qu'ils pensent. Les diférens Caracteres qui donnent le titre de cet Ouvrage, sont expliquez par des Avantures qui font connoistre les divers effets que peut produire l'Amour, selon que l'estime, l'inclination, ou la reconnoissance le font agir. Des Connoisseurs délicats qui ont lu le Manuscrit, assurent qu'on ne peut écrire plus finement, ny soûtenir des Historietes par des peintures plus vives (p. 310-311)[13].

Quant au *Journal des Savans*, du 15 janvier 1685, il ne nous renseigne pas davantage sur le nom de l'auteur :

> M. de la Chambre dans son Traité des Passions a parlé de ce sujet [l'amour] en Philosophe. Cet Auteur le traite en Historien, c'est-à-dire qu'il se contente d'exposer et de representer dans des avantures galantes, comme en autant de tableaux, toutes les differentes especes de l'amour. Il commence dans ce Volume par celuy d'Inclination. (...)

C'est le texte du *Mercure* qui paraît le plus clair. Un membre de l'Académie française serait l'auteur des *Diférens caracteres de l'amour.* Nous sommes, soit dupes d'une supercherie ingénieuse, soit conviés à nous fier à l'honnêteté de Donneau de Visé, le coordinateur

---

[12] Cette apostrophe ne vise personne en particulier. « Chaque livraison du *Mercure* est déjà comme un fragment de conversation, (...) la lettre, forme que prend généralement l'article du *Mercure*, est l'équivalent écrit de la conversation » (Jean Mesnard, dans sa Préface pour l'ouvrage de Monique Vincent, *Mercure Galant Extraordinaire. Affaires du temps.* Paris, Honoré Champion, 1998, p. 7).

[13] Une note dans *Nouvelles du XVIIe siècle* (La Pléiade), Paris, Gallimard, 1997, p. 1745, par Jacques Chupeau, affirme que *Les Différents caracteres de l'amour* (1685) sont de Madame de Pringy. A preuve, dit le commentateur, *Le Mercure galant* de novembre 1684 (!), et *Le Journal des savans* de janvier 1685 (!). Ni l'un ni l'autre ne mentionnent Madame de Pringy. Nous supposons que M. Chupeau a accepté l'attribution à Madame de Pringy par Barbier, telle qu'elle apparaît dans le catalogue de la Bibliothèque nationale.

assidu du *Mercure galant*. Dans le premier cas on pourrait supposer que Madame de Pringy est elle-même l'auteur de cette annonce publicitaire. En effet, « En 1682, [Donneau de Visé] s'associe avec Thomas Corneille. Fontenelle, Perrault et d'autres encore participent à la rédaction (...) [y] figureront, sollicités par Donneau de Visé, des écrivains mondains heureux de faire paraître leurs œuvres[14] ». Il n'est donc pas tout à fait exclu que Madame de Pringy ait fait elle-même la publicité de son premier livre. N'oublions pas non plus que la première édition de ses *Differens caracteres des femmes du siecle*, en 1694, était publiée sous l'anonymat. Mais aurait-elle pu, dix ans plus tôt, et à la veille de son mariage avec le Comte de Pringy, peut-être à un âge encore nubile, publier un ouvrage relativement volumineux, dont la réédition paraît pour ainsi dire certaine[15] ? Nous pourrions évidemment retenir la thèse de l'anonymat, mais Donnau de Visé aurait-il permis que l'on mette un académicien, présent ou futur, en cause ? Autant de questions auxquelles nous ne pourrons probablement jamais répondre.

En examinant la liste des académiciens de 1684, voire élus en 1684, peu de candidats semblent vouloir répondre à l'appel. Excluons Pierre Corneille, élu en 1647, Racine, élu en 1672, et Bossuet, élu en 1671. En 1684 il y a trois nouveaux venus d'importance : Nicolas Boileau-Despréaux, Jean de La Fontaine et Thomas Corneille, le collaborateur de Donneau de Visé. C'est Thomas Corneille qui offre matière à réflexion : il écrit pour le *Mercure*, il a le sens du romanesque et des complexités amoureuses, il vient d'être élu à l'Académie, et il a été, jadis, en 1653, l'auteur d'une comédie, intitulée *L'Amour à la mode*, le titre même de l'ouvrage de 1695, attribué à Madame de Pringy par Barbier, et dont le *Mercure* parlera avec un certain enthousiasme :

---

[14] Voir l'Introduction de Monique Vincent, *op. cit.*, p. 11.

[15] Parmi les nouveaux livres qui se vendent chez Medard-Michel Brunet (celui qui donnera la deuxième édition en 1699 des *Caracteres des femmes du siecle*), sous l'enseigne de Œuvres de M. de Fontenelle, en avril 1692, on voit un *Caracteres de l'amour*, immédiatement après *La Comète*, une œuvre dramatique de Fontenelle qui avait échoué en 1681 (Voir *Le Mercure Galant*, avril 1692, p. 7). Fontenelle ne deviendra académicien qu'en 1691, mais son oncle, Thomas Corneille, académicien depuis 1684, n'épargnait aucun effort pour promouvoir la carrière de son neveu. S'il y a eu conspiration à propos des *Diférens caracteres de l'amour*, c'est dans l'entourage de Thomas Corneille et de Fontenelle qu'il faudrait la chercher.

> Ainsi les ouvrages d'aujourd'huy, qui ne paroissent faits que pour divertir, ne laissent pas d'être utiles à ceux qui veulent bien s'appercevoir de leurs defauts. Madame de Pringy en vient de donner un au public, intitulé, *L'Amour à la mode. Satire historique.* Le livre qui porte pour titre, *Les Caracteres des femmes de ce siecle*, et qui a paru avec beaucoup de succès, ayant fait voir qu'elle connoist le monde, il y a lieu de croire que son dernier ouvrage ne recevra pas moins d'approbation.

Ici le *Mercure* est formel : *L'Amour à la mode* est bel est bien de la main de Madame de Pringy. A-t-elle voulu rendre hommage à Thomas Corneille en lui empruntant le titre de sa comédie de 1653 ? Quoi qu'il en soit, sa prolificité en 1693-1694 a tout de même de quoi étonner, puisque coup sur coup elle publie deux ouvrages de taille. C'est assurément l'époque la plus féconde de sa carrière.

Parmi les quarante « immortels » en 1684, hormis Thomas Corneille, qui aurait pu s'intéresser aux « différents caractères de l'amour », il y aurait également Bussy-Rabutin, élu en 1665, et connu pour une certaine orientation primesautière de son œuvre. Mais il s'agit là tout juste d'une faible hypothèse, et, comme dans le cas de Thomas Corneille, que nous ne pouvons ni soutenir ni étayer. Le mystère reste entier, mais nous sommes convaincu que les *Diférens caracteres de l'amour* ne sont pas de Madame de Pringy. Seuls Thomas Corneille et son neveu, Fontenelle, risquent d'être impliqués.

Enfin, est-il même concevable que le *Mercure* ait inventé, ou ait permis un bobard de cette dimension (académique), faisant croire à ses lecteurs qu'un académicien était l'auteur anonyme des *Diférens caracteres de l'amour*, alors que la discrète Madame de Pringy en était le véritable auteur ? Nous avons peine à le croire.

C'est en juin 1690, que le nom de Madame de Pringy apparaît pour la première fois dans *Le Mercure galant*, à l'occasion de son *Discours sur le discernement du roi dans le choix des personnes à qui sa majesté a confié l'éducation du duc de Bourgogne, dit Louis de France*. Il s'agissait en l'occurence des nominations de Fénelon, nommé précepteur du duc de Bourgogne en 1689, tâche qu'il remplira jusqu'en 1695, et du Duc de Beauvilliers, devenu gouverneur du jeune prince, et qui avait probablement chaudement recommandé le préceptorat de Fénelon.

Au sujet de ce discours, le *Mercure* dit de Madame de Pringy que « Vous savez qu'elle écrit juste et avec beaucoup de délicatesse », phrase pour le moins énigmatique qui laisse entendre qu'elle n'en était pas à ses premières armes littéraires[16].

La même année, en novembre, elle écrit un éloge *A la gloire de Monseigneur le Dauphin, sur son retour d'Allemagne*[17]. Une fois de plus, les éloges du *Mercure* ne manquent pas, car elle a des talents « qui vous font voir que non seulement elle a de l'esprit brillant, comme il s'en rencontre en beaucoup de Dames qui sçavent se distinguer de leur sexe, mais que l'Eloquence est un talent qu'on ne peut luy contester ».

En avril 1691, après la capitulation de la ville de Mons devant le maréchal de Luxembourg[18], le 8 avril, le *Mercure* annonce un « Eloge du Roy », *Sur la prise de Mons*, par Madame de Pringy[19].

Deux ans plus tard, en 1693, d'après Prudhomme et Briquet (voir Bibliographie), elle a également écrit un discours sur *Sur la conquête de Namur*, la fameuse victoire de Louis XIV, remportée le 5 juin 1692, et louangée par Nicolas Boileau dans une *Ode sur la prise de Namur*, parue en 1693[20]. L'attribution du discours à Madame de Pringy est confirmée par le *Mercure* de juillet 1692. Il s'agit d'un assez long

---

[16] Il s'agit peut-être du discours, *Le Triomphe du Roy sur la Religion Protestante*, de Mars 1688.

[17] La première campagne militaire de Monsieur le Dauphin, (ou le Grand Dauphin), fils de Louis XIV, a lieu à Philisbourg, en Allemagne, et est plaisamment rapportée par Madame de Sévigné, le jour de la Toussaint, 1688, dans une lettre à Madame de Grignan : « Philisbourg est pris, ma chère enfant (...), c'est la première campagne de Monsieur le Dauphin » (Voir *Lettres*, 3 tomes, Paris, Gallimard (La Pléiade), 1953-1963, t. III, p.231-232). Voir aussi une lettre du 4 novembre 1688, de Madame de Maintenon : « Grande allégresse : Phlipsbourg est pris. Monseigneur sera desormais appelé Louis le Hardi » (*Lettres*, Nancy, Deilleau, 1752, 2 tomes, t. 2, p.10). Philisbourg fut défaite le 29 octobre 1688. Le Grand Dauphin était le père de Louis de France, né en 1682, l'élève de Fénelon, qui mourra en 1712 à l'âge de 30 ans.

[18] Il s'agit de François Henri de Montmorency, comte de Bouteville (1628-1695).

[19] En 1692, Racine lui-même fera allusion à cette victoire de la France dans sa *Relation de ce qui s'est passé au siège de Namur*, dans Racine, *Œuvres complètes*, t. II, Paris, Gallimard (La Pléiade), 1966, publiée sans nom d'auteur, mais reprise par Louis Racine en 1747 dans l'édition des œuvres de son père.

[20] En dépit d'un certain doute, il y a tout lieu de croire que la *Relation* de Racine est authentique. Les concordances entre la *Relation* et la correspondance de Racine avec Boileau au sujet de la prise de Namur sont probantes. On a montré que « Boileau suit de près cette *Relation* dans tout son poème ». Voir Racine, *Œuvres complètes*, t. II, p. 238 et ss. et Boileau, *Œuvres complètes*, Paris, Gallimard (La Pléiade), 1966, p. 230, et p. 1024-25, note 6.

discours, de 10 pages, rapporté sous le titre : *La Victoire Parlant au Roy sur la prise de Namur*, et précédé d'un commentaire du *Mercure*, où on lit : « Vous ne serez pas surprise de voir un Discours de Madame de Pringy sur cette même conqueste, puisqu'elle en a fait sur chaque action glorieuse de Sa Majesté[21] ».

Enfin, un discours intitulé *Le Triomphe du Roy sur la Religion Protestante*, que Briquet attribue à Madame de Pringy, est rapporté *in extenso* en mars 1688 par le *Mercure*, mais le chroniqueur avoue que l'auteur lui « est inconnu, mais son Ouvrage fait son Eloge [du roi]... ». L'attribution est donc douteuse, bien que le *Mercure*, en 1690, fasse allusion à une contribution littéraire antérieure de Madame de Pringy. Sans doute le *Triomphe du Roy sur la Religion Protestante.*

En novembre 1693[22], le *Mercure* annonce la parution à Paris des *Differens caracteres des femmes du siecle avec la Description de l'amour propre.* En fait, l'ouvrage portera la date de 1694, sans nom d'auteur, mais l'identité de Madame de Pringy ne fait plus de doute. En effet, le *Mercure* rapporte que :

> Si quand les Dames se mêlent d'écrire, elles ont une finesse et une delicatesse d'esprit qui leur est naturelle, et que les hommes ont de la peine à imiter, elles réussissent encore mieux, lors qu'elles traitent de matieres dont elles ont une connoissance particuliere. C'est ce que vient de faire Madame de Pringy, en nous donnant les differens caracteres des Femmes du siecle, avec la description de l'amour propre, contenant six caracteres, et six perfections.
> (...) Tout cela est traité avec beaucoup de finesse et de naturel, et remply de pensées neuves, quoy que tirées du sujet, en sorte que les portraits des Caracteres qui y sont depeints, remplissent agreablement la curiosité qu'ils excitent.

---

[21]Briquet mentionne plusieurs discours de Madame de Pringy. Sa notice rapporte ce qui suit : « Elle a aussi composé plusieurs Discours à la gloire de Louis XIV. Le premier a pour sujet : *Le discernement du roi dans le choix des personnes à qui sa Majesté a confié l'éducation du duc de Bourgogne* [authentifié, voir plus haut] ; le second est sur *la prise de Mons* [authentifié, voir plus haut]. Dans le troisième, l'auteur introduit la Victoire, qui parle au roi de *la Conquête de Namur* [authentifié] ; le quatrième a pour objet *le Triomphe de sa majesté sur la religion protestante* [probable, mais non-authentifié, voir plus bas] ; le cinquième est à *la gloire du dauphin, sur son retour d'Allemagne* [authentifié, voir plus haut]. »

[22]Effectivement, le privilège date du 30 novembre 1693.

Il faudra cependant attendre la deuxième édition de 1699, augmentée, et annoncée par le *Mercure* en décembre 1698, pour y voir apparaître le nom de Madame de Pringy. S'adressant une fois de plus à une Dame fictive, le rédacteur (sinon la rédactrice) du *Mercure* écrit :

> Si toutes les secondes Editions des Livres font honneur à leurs Auteurs, elles en font beaucoup davantage aux Personnes de vostre sexe, qui n'estant pas nées pour ecrire, semblent dispensées de sçavoir la Langue dans toute sa pureté. Elle a des finesses et de certains tours pour exprimer les pensées, qu'on ne cherche point dans la conversation, et qui donnent un grand agreement à ce qui est un peu médité. C'est ce qui fait le grand succès des Ouvrages, dont les premieres impressions ne suffisent pas, et ce que l'on trouvera dans celuy qui a pour titre *Les differens Caracteres des Femmes du siecle avec la description de l'Amour propre*. Il est de Madame de Pringy, qui a eu soin d'y ajoûter dans cette seconde Edition beaucoup de choses qui sembloient manquer pour le mettre dans la perfection où il pouvoit estre. Elle ne s'est attachée qu'à peindre les Femmes, et elle s'est renfermée dans les Portraits des Coquettes, des Bigotes, des Spirituelles, des Oeconomes, des Joueuses et des Plaideuses. Pour remedier à ces six défauts, elle leur propose autant de vertus qu'elles tâchent d'acquerir chacune selon son caractere ; sçavoir la Modestie, la Pieté, la Science, la Regle, L'Occupation et la Paix. La lecture de cet Ouvrage, qui se debite chez le Sieur Edme Brunet, à l'entrée de la grande salle du Palais, ne peut estre que d'une tres grande utilité pour celles qui se trouveront sujetes à ces défauts, puisque les moindres démarches qu'elles pourront faire pour s'en corriger, leur feront sentir le plaisir de la Perfection, et leur donneront du goût pour la Sagesse, en les eloignant de l'Amour propre, qui est dépeint sur la fin de ce même Ouvrage.

On constate que l'annonce est importante, sans exclure que Madame de Pringy en était elle-même l'auteur. Ce qui importe, même si elle fait sa propre publicité[23], c'est que le *Mercure* lui a généreusement offert ses pages, et n'hésitera pas à récidiver au moment de la publication de *Junie ou les sentimens romains*, en juillet 1695, vendu

---

[23] En fait de publicité il faut savoir que la seconde édition est accompagnée d'une « *Lettre de M. l'Abbé de... à Madame de Pringy* », lettre forte élogieuse de neuf pages (p. 271-278) que nous reproduisons dans notre Appendice II.

chez la veuve Coignard. Une fois de plus la modestie est de rigueur, car le nom de l'auteur n'est indiqué que par « Madame de P*** ». L'éloge, quant à lui, est moins modeste :

> Comme il n'a point paru d'ouvrages de la composition de Madame de Pringy, dont la lecture n'ait donné beaucoup de plaisir, je croy vous en faire en vous apprenant qu'il en vient de paroistre un de sa façon, intitulé, *Junie ou Les Sentimens Romains*. Les expressions dont cette Dame se sert, sont si nobles et si énergiques, qu'elle n'a pas eu de peine à mettre dans leur jour les sentimens des Heros de son Histoire.

En janvier 1702, le *Mercure* nous apprend qu'un autre ouvrage de Madame de Pringy a vu le jour. Il s'agit cette fois de la *Critique contre la prevention*. En même temps il est question de la parution des *Lettres curieuses de Litterature et de Morale*, de l'abbé de Bellegarde, et le *Mercure* fait précisément un rapprochement, sinon un parallèle entre le traité de Madame de Pringy et celui de Bellegarde. On lit que l'ouvrage de Madame de Pringy

> justifie ce que Mr l'Abbé de Bellegarde a dit d'avantageux pour les femmes, dans la lettre où il répond à la demande qu'on luy a faite, *Si les Femmes sont inférieures aux hommes par le merite de l'esprit*. Les ouvrages de Madame de Pringy font voir le contraire, elle n'en a point donné qui n'ayent esté favorablement reçus du public, et l'on peut dire sans aucune prévention qu'on y trouve autant de solidité que d'agrément, et qu'ils font honneur au Sexe. Elle commence celuy-ci par une description de la prévention et de l'esprit du monde. Elle fait connoistre neuf sortes de prevention qui sont celles d'Orgueil, d'Interests, de Sensualité, d'habitude, de malice d'humeur, d'esprit ; du cœur de justice, et de vertu. Cet ouvrage est dedié à Mr le Duc du Mayne[24],...

A ce point on aura remarqué que les publications de Madame de Pringy se sont considérablement espacées. A peine un peu plus d'un an entre les *Differens caracteres des femmes du siecle* et *Junie ou les*

---

[24] Louis Auguste de Bourbon, duc du Maine (1670-1736), deuxième enfant de Louis XIV et de la Marquise de Montespan, légitimé en 1673 ; épousa en 1692 Anne Louise Bénédicte de Bourbon-Condé, petite-fille du grand Condé. Tous deux accueillirent chaleureusement les gens de lettres en leur château de Sceaux, à quelques kilomètres de Paris. On devine que Madame de Pringy fut parmi ceux-là.

sentimens romains, certes, mais sept ans avant la parution de la *Critique contre la prevention*.

C'est à l'occasion de la mort du Père Bourdaloue, en mai 1704, qu'elle reprend la plume dans le *Mercure* de juin, pour rendre hommage à la mémoire du prédicateur dans un *Eloge du Pere Bourdaloüe*[25]. En juillet de l'année suivante elle livre au public une *Vie du Père Bourdaloue*[26]. Pour la circonstance, le *Mercure* rappelle à ses lecteurs que Madame de Pringy, « connuë dans le monde par l'elevation de son esprit et par les ouvrages qu'elle a fait imprimer, vient de donner au public la vie du Pere Bourdaloue ». C'est dire l'admiration qu'elle avait eue pour le célèbre sermonnaire, qu'elle avait écouté sans nul doute de nombreuses fois ; elle avait probablement fréquenté le cercle de ses intimes, étant donné son amitié avec la sœur de Bourdaloue[27].

---

[25] Voir *Appendice I*.

[26] « *La Vie du Pere Bourdaloue* (...) se vend chez Michel Ribou, sur le Quai des Augustins. (...) Ce libraire en donnera bientôt une seconde édition, ayant déjà debité presque la première. » (*Le Mercure galant*, juillet, 1705, p. 280-281). On mesure ainsi la popularité du prédicateur, et la reconnaissance publique du talent de Madame de Pringy.

[27] René Daeschler, dans un ouvrage consacré à *La Spritualité de Bourdaloue. Grâce et vie unitive* (1927), cité par Henri Bremond, dans son *Histoire littéraire du sentiment religieux en France*, Paris, Bloud et Gay, 1916-1933, t. VIII, p. 345, écrit à propos de Bourdaloue et son entourage : « La comtesse de Pringy, amie de sa sœur, et qui semble l'avoir connu assez intimement, insiste ... sur cette impression de vie intérieure, de possession de soi, au milieu des occupations les plus distrayantes... (...) Il était solitaire et public..., sans intérêt, sans ambition, sans curiosité, sans politique, sans égards que ceux d'une charité noblement exercée... » (extrait de *La vie du P. Bourdaloue)*. L'éloge funèbre de Madame de Pringy, tout comme sa *Vie du Père Bourdaloue* et ses *Differens Caracteres des femmes du siecle*, sont imprégnés de l'influence du Père Jésuite. Grâce au *Mercure* on apprend que l'unique sœur cadette de Bourdaloue, Anne, née en 1634, avait épousé « Mr.de Chamillart-Villate, frère cadet de Mr de Chamillart, Maître des Requêtes & Intendant en Basse Normandie, père de M. le Controleur General. Bourdaloue estoit l'oncle de Mr le President de Chamillart ». Anne Bourdaloue était donc la tante par alliance de Michel Chamillard (1652-1721), qui fut Maître des Requêtes en 1686, puis Ministre d'État en 1700 (son père Guy était ministère public au procès de Fouquet, et vota pour la mort de ce dernier). Sur Michel Chamillart (1652-1721), voir Marcel Langlois, *Louis XIV et la cour*, Paris, Albin Michel, 1926, p. 164-172.

Cette amitié entre les deux femmes soulève par ailleurs la question de l'âge problématique de Madame de Pringy. Anne Bourdaloue est née en 1634. Au moment de la publication des *Differens caracteres des femmes du siecle*, elle a soixante ans.

A l'approche du deuxième centenaire de la mort de Bourdaloue, la *Revue Bourdaloue* présente une chronique signée H.C., et commente une communication de l'abbé Crosnier. Le chroniqueur évoque l'enthousiasme des dames pour la prédication du Père Bourdaloue, et écrit : « En dehors de la curiosité qui leur est naturelle, elles avaient alors, comme toute la société de l'époque, un grand attrait pour l'étude et la peinture de l'âme humaine ; elles venaient très volontiers se regarder dans « le miroir que leur offrait le sermonnaire ». Et le commentateur d'ajouter : « Ici M. l'abbé Crosnier, au lieu de se contenter de généralités, (...) aurait pu s'attacher (...) à Mme de Pringy, cette biographe enthousiaste de Bourdaloue (...). Une telle femme n'était-elle pas prédestinée à entendre et comprendre Bourdaloue[28] ? ». L'attachement de Madame de Pringy à la spiritualité et à la morale du Père Bourdaloue se marquera effectivement au gré des pages de son œuvre.

A toutes fins utiles on peut supposer que la carrière littéraire de Madame de Pringy est sur son déclin au moment où elle publie *La vie du Père Bourdaloue*. Le National Union Catalog, certes, lui attribue encore une œuvre qui daterait approximativement de 1707, à savoir *Le Monde renversé, ou Dialogues [4] des génies différents qui renversent le monde*. En dépit des réserves qu'appellent parfois les attributions faites par Barbier, nous sommes enclins toutefois à lui donner raison quand il catégorise cette œuvre sous le nom de l'abbé L. Bordelon, imprimée à Villefranche en 1712, et comportant 190 pages.

Enfin, le catalogue de la Bibliothèque nationale de France mentionne une plaquette de 23 pages, publiée à Paris, et intitulée *Traité des vrais malheurs de l'homme*, dédié à Mgr le Duc de Bourgogne[29], par Madame de Pringy. C'est un petit ouvrage dont le *Mercure* faisait également état dans sa chronique de juillet 1707 :

Est-elle l'amie d'une jeune femme, qui a peut-être une trentaine d'années, et s'est mariée dix ans plus tôt ? Ou les deux amies ont-elles plus ou moins le même âge ? N'oublions pas que Madame de Pringy, devenue veuve, se remariera en 1709. On imagine mal qu'elle se soit remariée lorsqu'elle avait plus de cinquante ans, son amie en ayant alors soixante-quinze. Malheureusement, ce jeu de devinettes restera à jamais insoluble.

[28] *Revue Bourdaloue*, 3, 1 juillet 1902, p. 498.

[29] Louis de France, l'élève de Fénelon.

> Il paroist depuis peu un Livre intitulé *Traité des vrais malheurs de l'homme*, et quoy que cet ouvrage ne soit pas d'une grande etenduë, il doit estre d'une grande utilité, et les hommes ne peuvent trop reflechir sur ce qu'il contient. (...) Il est dedié à Monseigneur le Duc de Bourgogne et l'Epistre est si belle que ceux qui commenceront la lecture de ce Livre par celle de cette Epistre concevront d'abord une bonne opinion de tout l'ouvrage. Il est de Me [Mme] de Pringy, qui a donné beaucoup d'ouvrages de Morale au public, et dont le grand débit prouve le mérite et la beauté. Ce dernier se vend chez Jacques Edoüard, dans le Parvis de Nôtre Dame, près de l'Hostel-Dieu.

Ce dernier traité représente apparemment la fin de la carrière littéraire de Madame de Pringy. Devenue veuve, elle s'est remariée en 1709. Après cette date, c'est le silence. Compte tenu des origines de la famille d'Aura, s'est-elle retirée dans l'Auvergne, près d'Entraygues ou de Conque ? Aurait-elle donc perdu tout contact avec la vie de la capitale ? Autant de questions sans réponse, mais il est certain qu'elle disparaît soudainement de la vie littéraire sans laisser la moindre trace. Il ne reste plus d'elle que les publications que nous avons pu recenser, et surtout son œuvre majeure, *Les differens caracteres des femmes du siecle*. Publiée à un moment où la femme parisienne s'était laissée emporter par le modernisme, les mœurs relâchées et l'émancipation sociale prometteuse, cette œuvre figure parmi les derniers bastions de la spiritualité et de la morale contre-réformistes du XVIIe siècle. Elle exhale le chant du cygne d'une vie sociale traditionnelle, où la femme du monde était appelée à occuper l'exacte place qui lui était assignée, éclairée, modestement savante, respectueuse des obligations de son sexe, dévote et charitable, mais toujours soumise...

PRÉAMBULE À L'ÉTUDE DES TEXTES

Le traité de Madame de Pringy est composé de deux parties. La première constitue une analyse parfois féroce de plusieurs types de femmes que Madame de Pringy a observées en son temps, tout en déplorant leur conduite. Étant donné toutefois qu'elle voulut faire aussi œuvre d'édification, à la manière des moralistes et des prédicateurs de son temps, elle a fait suivre chacun des défauts des femmes de son siècle d'une perfection souhaitée, marquant ainsi sa sollicitude pour des femmes qui pouvaient encore être « sauvées ». Cette double structure morale du traité de Madame de Pringy sur les « differens caracteres des femmes du siecle » relève bien entendu d'une longue tradition de l'activité de l'esprit des femmes, toujours intimement liée à la recherche de la vertu. En 1542, dans sa traduction de Jean Louis Vivès, Pierre de Changy écrit qu'il « appreuve en femme la lecture des livres saincts, induysans à vertus et bonnes mœurs ». Et si les femmes « apprennent à se parer, filler, couldre et broder, pour quoy non à cognoistre chose salutaire et de vertu ?[30] ». C'était reconnaître le droit des femmes, tout en leur imposant de sérieuses restrictions et une ligne de pensée morale. Cette démarche intellectuelle liée à la recherche de la vertu a été abondamment illustrée par les femmes de lettres du XVIe siècle, de Madeleine et Catherine des Roches jusqu'à Marie Le Gendre ou Madeleine de l'Aubespine[31]. Plus de cent ans plus tard, Madame de Pringy prend la relève.

La deuxième partie de l'ouvrage de madame de Pringy se concentre sur le problème de l'amour-propre qui est, d'après elle, la source de tous les maux de l'homme, et même plus particulièrement des femmes. On y retrouve la galerie des portraits exhibés dans la première partie, à côté de réflexions générales sur l'amour-propre.

Nous avons fait précéder la première partie de l'ouvrage d'une analyse critique des « caracteres » et des « perfections » des femmes,

---

[30] Dans le *Livre de l'institution de la femme chrétienne*, de Vivès, traduit en 1542 par Pierre de Changy, cité dans *Le miroir des femmes*, I, éd. L. Guillerm, J.P. Guillerm, L. Hordoir et M.F. Piéjus, Lille, Presses universitaires de Lille, 1983, p.87.

[31] Voir Marie le Gendre, *L'exercice de l'ame vertueuse*, et Madeleine de l'Aubespine, *Cabinet des saines affections*, dans deux éditions critiques, par Colette H. Winn, Paris, Honoré Champion, 2001.

tandis que nous proposons en guise de préambule à la seconde partie un historique du concept d'amour-propre au XVIIe siècle, suivi de quelques réflexions sur « Madame de Pringy et la tradition laïque », et sur sa « misogynie ».

Analyse critique des « six caracteres » et des « six perfections »

I. Les Coquettes

On pourrait s'étonner de trouver sous la plume de Madame de Pringy le soupçon d'un principe éducatif que Simone de Beauvoir dénoncerait 250 ans plus tard : « On ne naît pas femme : on le devient[32] ». En effet, après avoir affirmé que les femmes sont naturellement coquettes, car « cet esprit de bagatelle naît avec le sexe », elle concède aisément que c'est ensuite l'éducation des jeunes filles, qui les oriente inéluctablement dans la voie de la coquetterie, ou, pour le dire autrement, sur la route fleurie de la galanterie[33].

Il va sans dire que le XVIIe siècle, tant du côté des hommes que de celui des femmes, était convaincu que la femme était naturellement portée à la coquetterie[34]. Rappelons en outre que la coquette et les coquets, vers le milieu du siècle, avaient été gratifiés d'un statut social, au point que de graves esprits, et de moins graves, avaient mis la main à la pâte pour dénoncer la frivolité scandaleuse de la coquetterie. Le plus sérieux d'entre eux était évidemment l'abbé d'Aubignac qui publia en 1655 son *Histoire du temps ou Relation du Royaume de coquetterie*, où il fustigea d'un ton mi-figue, mi-raisin, la débauche morale qui règne au « Palais de Bonnes fortunes » : « ...il n'y a rien de plus malheureux, de plus honteux et de plus détestable, que ce lieu qu'ils nomment faussement en langage du Pays le Palais des Bonnes-Fortunes ; qu'il est en vérité le piege des imprudens, l'erreur de la jeunesse, l'amusement de l'oisiveté, l'opprobre des conversations, l'occupation des fous, le mépris des sages, la ruine de la santé, la

---

[32] *Le Deuxième Sexe*, Paris, Gallimard, 1975, Tomes I, IV, I, p. 285.

[33] « Coquet, ette. adj. Qui fait le galant, ce qui cherche à plaire, à donner de l'amour » (Furetière, *Dictionnaire universel*, dans *L'Atelier historique de la langue française*, Marsanne, Redon, 1999). Voltaire confirme la similitude des termes « coquet ou coquetterie » et « galant ou galanterie » : « Il en est de même de galanterie, qui signifie tantôt coquetterie dans l'esprit, paroles flatteuses, tantôt présent de petits bijoux, tantôt intrigue avec une femme ou plusieurs » (Voltaire, *Dictionnaire philosophique*, dans *L'Atelier historique*..., article GALANT).

[34] En 1687, dans son *De l'Éducation des Filles*, Avalon, Comyet, Imprimeur-Libraire, 1822, p. 133, Fénelon écrit : « Mais ne craignez rien tant que la vanité des filles : elles naissent avec un désir violent de plaire ».

désolation des familles, l'écueil des vertus, et la source de mille impiétés[35] ».

Sous la rubrique des « Romans comiques », dans la deuxième édition de *La Bibliotheque françoise* de Charles Sorel, qui date de 1667, il est question d'un *Almanach des Coquettes*, d'un *Portrait de la Coquette*, et d'une *Coquette vengée*[36]. En créant Célimène dans *Le Misanthrope* de 1666, Molière immortalisa le type de femme dont Madame de Pringy déplore les excès[37]. Depuis lors le portrait de la coquette se retrouverait fréquemment sous la plume des moralistes du temps.

En tant que précurseur de génie de Madame de Pringy, La Rochefoucauld, sorte de Sacha Guitry en son temps en matière de psychologie féminine malicieusement décortiquée, affirmait hautement que « La

---

[35] Abbé d'Aubignac, *Relation du Royaume de Coquetterie*, dans *Bibliotheque de Campagne, ou Amusemens de l'Esprit et du Cœur*, Amsterdam, Marc-Michel Rey, 1728, t. XII, p. 394.

[36] Charles Sorel, *La Bibliotheque françoise*, Genève, Slatkine Reprints, 1970, p. 190 [57].

[37] A côté de Célimène, personnage fictif, il y avait le modèle achevé de la coquette, Ninon de Lenclos, vilipendée vivement (et longuement) par Madame de Maintenon. Après avoir entendu l'histoire de Ninon de la bouche de son mari, Scarron, elle écrivait : « Je fus étrangement surprise ; je ne concevois pas qu'une personne qui me paraissoit être sensible et spirituelle, eût assez peu d'élévation d'âme et de raison pour se dégrader ainsi (...) C'est, non le besoin d'aimer, mais la coquetterie portée au comble et le désir d'être adorée qui produit ce honteux déréglement ; ainsi la vanité effrénée qui a corrompu les femmes sans mœurs, doit servir à leur juste châtiment, etc. » (« Histoire de Madame Scarron, écrite par elle-même », dans *Madame de Maintenon*, 2 vol., 3e éd., Paris, Maradan, 1806, t. I, par Madame de Genlis, p. 88-89). Ninon de Lenclos n'ignorait pas les mépris de celle qu'elle appelait « la belle Indienne* » et, à l'occasion d'un billet à Coligny, répliqua aux calomnies en disant : « Qu'est-ce donc qu'une honnête femme ? c'est un être qui joint à toute la fragilité humaine, beaucoup d'orgueil et d'artifice ; c'est une femme qui ne veut rendre heureux son amant qu'en lui persuadant qu'elle n'a jamais prévu sa défaite ; elle trompe déjà avant de céder, et même en se donnant. Du moins les femmes foibles ne trompent que lorsqu'elles n'aiment plus » (Cité dans *Madame de Maintenon*, p. 104-105). Puis ce mot terrible de Madame de Genlis elle-même : « Parmi les femmes galantes de ce temps, Ninon fut la première qui fit du vice une doctrine ; elle seule a formé la secte, devenue depuis si nombreuses, des esprits-forts de son sexe » (*Ibidem*, p. 186-187).

* « La belle Indienne" parce que Françoise d'Aubigné, devenue ensuite Madame de Maintenon, avait passé son enfance à la Martinique où son père, Constant d'Aubigné, avait espéré faire fortune.

coquetterie est le fond de l'humeur des femmes[38] ». Mollement misogyne, ou, disons, sceptique vis-à-vis des femmes, La Rochefoucauld reprochait surtout aux coquettes de dénaturer l'amour, bref, d'étouffer la pureté d'un sentiment sous le poids de leur vanité. « Le plus grand miracle de l'amour, c'est de guérir de la coquetterie » (349, éd. 4, 1675), soupirait ce grand timide idéaliste, rendant ainsi un vibrant hommage aux véritables amoureuses de l'histoire et de la littérature romanesque. En somme, une belle annonce publicitaire pour *La Princesse de Clèves*, qui serait entre toutes les mains en mars 1678.

La différence toutefois entre l'analyse, toujours laconique, du moraliste et celle de Madame de Pringy, c'est que cette dernière, non seulement confirme la croyance universelle en une nature féminine qui porte les femmes « à la douceur et aux choses agréables », mais tente en même temps d'expliquer pourquoi les femmes s'enlisent dans la coquetterie. La Rochefoucauld constate ou affirme. Madame de Pringy fait de la didactique et, à sa manière, justifie les coquettes, victimes, si l'on peut dire, d'une éducation lacuneuse[39] et, en termes d'aujourd'hui, effrontément sexiste.

Il serait également de bon ton de rappeler que la première édition des *Caractères de Théophraste, traduits du grec*, avec *les Caractères ou les Mœurs de ce Siècle*, de La Bruyère, date de 1688, ou à peine six ans avant la parution de l'ouvrage de Madame de Pringy. Il est même tentant de supposer que Madame de Pringy fut inspirée par le titre de La Bruyère, mais, contrairement à son illustre contemporain, avait simplement choisi de se limiter aux *Caracteres des Femmes de ce siecle*. Tout rapprochement toutefois, lorsqu'il s'agit des coquettes du temps, s'arrête là. Les observations de La Bruyère sont piquantes, certes, et sans nul doute plus divertissantes que celles de Madame de Pringy, mais elles restent purement descriptives, à la manière du

---

[38] *Maximes* (première édition en 1665), dans *Œuvres complètes*, Paris, Gallimard (La Pléiade), 1950, maxime 241.

[39] Madame de Lambert (1647-1733) dont quelques écrits furent publiés à son insu, et contre son gré (*Avis d'une Mere à son Fils & à sa Fille*, en 1728, et ses *Reflexions sur les Femmes*, édition hollandaise), écrit : « Nous gâtons toutes les dispositions que leur a donné la Nature : nous commençons par négliger leur éducation : nous n'occupons leur esprit à rien de solide ; & le cœur en profite : nous les destinons à plaire ; & elles ne nous plaisent que par leurs graces, ou par leurs vices » (*Réflexions sur les Femmes*, dans *Œuvres de Madame la Marquise de Lambert*, nouvelle édition, 2 tomes, Paris, Ganeau, Bauche, David, 1761. t. I, p. 330).

portrait, tandis que Madame de Pringy porte un jugement moral sur les personnes de son sexe. Dans son chapitre « Des Femmes »[40], La Bruyère constate et tranche : « Une femme qui n'a qu'un galant croit n'être point coquette ; celle qui a plusieurs amants croit n'être que coquette » (III, 18) ; ou encore : « Une femme galante veut qu'on l'aime[41] ; il suffit à une coquette d'être trouvée aimable et de passer pour belle. (...) Ce qui domine dans l'une, c'est la passion et le plaisir ; et dans l'autre, c'est la vanité et la légèreté » (III, 22, éd. 5, 1690). Tout autre est la vision sentencieuse, voire moralisatrice, de Madame de Pringy. Elle met l'éducation des jeunes femmes en accusation, et elle en étale les tristes séquelles : la coquette « donne son temps au soin de plaire, et son éloge à ses maximes. Voilà la suite d'une jeunesse mal employée, qui n'a eu d'instruction que celle qu'il faloit pour s'aimer davantage et se connoître moins. Elle se fait un plan de perfection au goût de l'amour propre et selon l'usage du temps : sur ce modéle elle régle sa conduite et ses actions et le fruit de ce beau dessein est un desordre universel[42] ».

---

[40] La Bruyère, *Œuvres complètes*, éd. Julien Benda, Paris, Gallimard (La Pléiade), 1941. Au sujet des femmes, voir l'excellent article de Jacques Morel, « La place de la femme dans *Les Caractères* de La Bruyère », dans *Onze études sur l'image de la femme dans la littérature française du dix-septième siècle*, réunies par Wolfgang Leiner, Tübingen, Gunter Narr, Jean Michel Place, 1984, p. 99-109.

[41] On remarquera que La Bruyère fait encore une nette distinction entre la « galanterie », source de plaisirs amoureux, et la « coquetterie », instrument de jeu. Dans cette optique, Madame de Tourvel avait l'esprit galant, Madame de Mertueil avait l'esprit coquet (*Les Liaisons dangereuses*).

[42] Pour peu on entendrait sous le propos de Madame de Pringy un prélude à la fameuse lettre de Bossuet au Père Caffaro (Bossuet, *Œuvres complètes*, éd. 1815-1820, Paris, Paul Mellier, 1851-1852, t. XXVI, p. 283 et ss.), suivie de ses *Maximes et réflexions sur la comédie*, en 1694 (*Ibidem*, t. XXII, p. 311-361) , où le prélat s'insurgeait contre la concupiscence du théâtre, qui déferla effrontément sur les mœurs du temps. En cette fin de siècle, l'heure, chez les bien-pensants, était aux remontrances.

Rappelons pour mémoire un ouvrage d'édification de Girard de Villethiery, publié en 1693, intitulé *La Vie des Vierges*, éd. Constant Venesoen, Paris, Honoré Champion, 2000, où l'auteur nous fait entendre un même son de cloche lorsqu'il s'attache à dicter les règles de la modestie des jeunes femmes : « Il est donc constant, écrit-il, que c'est un crime pour elles [les jeunes femmes vierges] que de rechercher à plaire aux hommes ; qu'elles cessent alors, pour ainsi dire, d'être Vierges, et qu'elles peuvent être considerées comme des adulteres » (Chap. XIX, p. 206).

Le thème d'une éducation à la fois lacuneuse et pernicieuse ferait croire un instant que les propos de Madame de Pringy ont une tonalité féministe que Marie de Gournay n'aurait pas reniée[43]. Malheureusement il n'en est pas ainsi. Elle estime, au contraire, que c'est « Un bon dessein [qui] fait qu'on les prive des sciences élevées », et qui fait éviter aux femmes « l'orgüeil des demy savants ». Son seul regret, c'est que les femmes, parées de leur ignorance, ne cherchent finalement que « tous les moyens de plaire ». Si, par ailleurs, une coquette a de l'esprit et de l'intelligence, sans être pour autant savante, elle cultivera davantage l'art de la séduction, sans se soucier des conséquences morales ni de sa vertu. Qu'elle soit donc vive d'esprit ou hébétée, la coquette ne saurait trouver grâce sous la plume de Madame de Pringy. Elle peint de la coquette une image impitoyable[44] dont les hyperboles recouvrent une véritable aversion. Elle voit dans la coquette un monstre de vanité, en proie à tous les extrêmes : « la vertu étant bien loin de chez elle, la juste médiocrité ne s'y trouve jamais ; si elle aime, quoi que cela ne dure guére, c'est pourtant jusqu'à la fureur ; si elle hait cela dure davantage et toujours jusqu'à la vengeance ».

Il y a dans ce portrait de la coquette un vitriolage que seuls les « misogynes viscéraux[45] » du siècle auraient pu égaler. En cette fin de siècle, où la cour était devenue très ennuyeuse sous l'œil sévère de Madame Maintenon[46], les diatribes de Madame de Pringy à l'endroit

---

[43] Voir l'*Égalité des hommes et des femmes* (1622), ou le *Grief des Dames* (1626), éd. Constant Venesoen, Genève, Droz, 1993.

[44] Madame de Lambert est également d'avis que les femmes galantes (ou coquettes) n'ont « ni pudeur, ni délicatesse », et qu'elles conduisent « une vie frivole & dissipée », mais elle est beaucoup moins vindicative que Madame de Pringy. Voir ses *Réflexions sur les Femmes*, dans *op. cit.*, t. I, p. 350.

[45] L'expression est de Pierre Darmon, dans *Mythologie de la femme dans l'Ancien Régime*, Paris, Seuil, 1983, chapitre I. Pour un échantillon des écrits dits misogynes au XVIIe siècle, voir Marc Angenot, *Les Champions des Femmmes*, Montréal, Presses de l'Université du Québec, 1977, chapitre II, avec mention spéciale pour Nicolas Boileau.

[46] La bibliographie de Madame de Maintenon est abondante. Nous attirons néanmoins l'attention sur l'étude ancienne, mais solide, de Félix Hémon, dans son *Cours de Littérature*, Paris, Librairie Delagrave, s.d., t. V, p. 1-56.

des coquettes en disent long sur la pudibonderie effarouchée des bas-bleus[47].

II. La Modestie

En réponse aux coquettes, Madame de Pringy oppose la modestie féminine. Si on ne savait pas que ce traité appartenait à la littérature profane, on se croirait revenu ici au temps de Tertullien, de saint Ambroise, voire de saint Jérôme[48]. En effet, le prologue est empreint d'une intransigeance vis-à-vis des femmes, que seuls les Pères de l'Eglise pouvaient égaler : la modestie exige « que la bienséance accompagne toutes les actions d'une femme, qu'elle naisse avec la pudeur, qu'elle vive avec la crainte, et qu'elle meure avec la sagesse, que son premier âge soit innocent, que le second soit pur, et que sa conduite finisse avec une heureuse et loüable simplicité ». On remarquera que l'idée même de la modestie est sémantiquement confondue avec celle de la pudeur et des bienséances, les trois notions morales étant ici aisément interchangeables. En fait, il y a, strictement parlant, des différences dont Madame de Pringy ne s'embarrasse guère. La bienséance impliquait un comportement de civilité, d'après son état ou son sexe, et comme le notait Furetière, elle est « ce qui convient à une chose, qui luy donne de la grace, de l'agréement ». La pudeur, par contre, suppose une « honte naturelle qu'on a de faire quelque chose de deshonneste ou de mauvais ». Un manque de bienséance est dès lors une faute de goût, sans véritables conséquences morales, tandis qu'un manque de pudeur est une offense qui, selon les temps et les mœurs, constitue un acte déshonnête et répréhensible. C'est donc sous la grande enseigne de la « modestie » que Madame de Pringy exige

---

[47] Le témoignage tardif de Madame de Lambert n'est peut-être pas inutile : « On attaque depuis long-temps la conduite des femmes ; on prétend qu'elles n'ont jamais été si déréglées qu'à présent ; qu'elles ont banni la pureté de leur cœur, & les bienséances de leur conduite. Je ne sai [sic] si on n'a pas quelque raison. Je pourrois cependant dire, qu'il y a long-temps qu'on se plaint des mêmes choses ; qu'un Siecle peut être justifié par un autre ; & pour sauver le présent, je n'ai qu'à vous renvoyer au passé » (*Réflexions sur les Femmes*, dans *op. cit.*, t. I, p. 338).

[48] Pour Tertullien, voir son *De Virginibus Velandis*, Frankfurt/M, Peter Lang, 1974, II ; pour Ambroise, on retiendra le *La Pénitence*, Paris, éd. du Cerf, 1971, et le *De Virginibus*, dans *The nun's ideals*, Chicago, Scepter, 1963 ; enfin, pour Jérôme, surtout la *Lettre XXII, à Eustochium*, dans *Lettres*, Paris, Les belles lettres, 1940-1961.

que toute femme soit effacée, ennemie de toute coquetterie, voire muette à ses heures, quels que soient ses penchants intellectuels, car « l'idée de sçavoir ne la prévient pas, et elle croit plus aisément faire une faute digne de blâme, qu'une action digne de loüange ».

Il va de soi que le traditionalisme de Madame de Pringy la rattache à la psychologie stéréotypée de la femme au XVIIe siècle. Rien dans ses propos sur la modestie et la pudeur obligées des femmes ne rappelle les saines convulsions du féminisme naissant des précieuses. Tout est question d'honneur et de vertu : l'honneur « s'applique plus particulierement à deux sortes de vertus, à la vaillance pour les hommes, et à la chasteté pour les femmes », disait Furetière ; et « une femme de bien et d'honneur, c'est une femme prude et chaste ». Lorsque Madame de Lambert s'adressa à sa fille, une trentaine d'années plus tard, elle lui disait : « Il faut avoir une pudeur tendre. Le desordre intérieur passe du cœur à la bouche ; et c'est ce qui fait les discours déréglés. Les passions même les plus vives ont besoin de la pudeur pour se montrer sous une forme séduisante : elle doit se répandre sur toutes vos actions : elle doit parer et embellir toute votre personne[49] ». C'est dire que l'évolution de l'émancipation féminine était très lente, et que personne n'avait vraiment retenu les leçons du courageux Poullain de la Barre qui, en 1675, avait poursuivi son combat en faveur des femmes en publiant *De l'excellence des hommes contre l'égalité des sexes*, titre trompeur, voire ironique. C'est là qu'il avait, entre autres choses, abordé la question épineuse de la chasteté des femmes, de leur pudeur, de leur modestie. Il n'y voyait qu'un autre préjugé du temps, car « C'est la coûtume qui les [les femmes] oblige plus à la retraite et à la retenue, surtout en matière d'amour ». Puis, ce mot audacieux : « La pudeur n'est autre chose que la crainte d'estre blâmé et méprisé par les hommes, en faisant ou en disant devant eux ce qu'il ne leur plaist pas d'approuver[50] ».

Il est vrai que la modestie, surtout celle des femmes, avait gardé, si l'on peut dire, bonne presse[51]. La Bruyère disait encore en 1694

---

[49] Madame de Lambert, *op. cit.*, t. I, « Avis d'une Mere à sa Fille », p. 117.

[50] Cité par Marc Angenot, *op. cit.*, p. 65.

[51] Dans son IIIe sermon, à l'occasion de la fête de la conception de la Sainte Vierge, Bossuet n'épargne pas ses exhortations à ses ouailles : « Soyez humbles, soyez pudiques, soyez modestes ; méprisez les vanités du monde et toutes les modes ennemies de l'honnêteté » (Bossuet, *Œuvres complètes*, t. IX, p. 440).

(éd. 8) : « La modestie est au mérite ce que les ombres sont aux figures dans un tableau : elle lui donne de la force et du relief » (II, 17), et en évoquant les femmes il déplorait qu'« Il y a une fausse modestie qui est vanité » (III, 48, éd. 7). L'obligation de la modestie féminine, ce trait que d'aucuns jugeaient comme « naturel », restait obstinément attachée à l'éducation des filles. Lorsque Fénelon dénonce l'artifice de la beauté féminine, « à moins qu'elle ne serve à faire marier avantageusement une fille », il s'exclame, cynique : « Mais comment y servira-t-elle, si elle n'est soutenue par le mérite et par la vertu ? Elle ne peut espérer d'épouser un jeune fou, avec qui elle sera malheureuse, à moins que sa sagesse et sa modestie ne la fassent rechercher par des hommes d'un esprit réglé et sensibles aux qualités solides[52] ».

La seule fausse note, paradoxalement fort agréable, dans le concert des conseils contraignants des éducateurs de l'heure, nous vient de la plume de Madame de Sévigné qui, s'adressant à sa fille, Madame de Grignan, et parlant de sa nièce Pauline, écrit : « Vous avez raison de supprimer la modestie de Pauline ; elle seroit usée à quinze ans : une modestie prématurée et déplacée pourroit faire de méchants effets[53] ».

Pour sa part, Madame de Pringy érige la modestie féminine en un *modus vivendi* ascétique. Elle y voit la source de toute conduite vertueuse, de la bienséance absolue et du parfait savoir-vivre féminin. La modestie qu'elle préconise au nom de l'honneur confine les femmes dans un isoloir social où règnent le silence et les sourires figés. La modestie, selon elle, défend aux femmes d'engager en privé une conversation avec des hommes, et de remarquer même leur séduction. Elle leur défend encore l'expression de leurs désirs, ou tout jugement, blâme ou approbation, sur autrui. La femme modeste n'a même pas le loisir de commander à ses gens « sur des choses que la providence n'a point commis à nos soins ». La clé de la pensée de Madame de Pringy est précisément dans l'évocation de cette « providence », ramenant toute la dialectique pédagogique aux austères lois d'une religion contraignante et intransigeante, celle-là même que Girard de Villethierry avait brandie sous le regard effarouché des vierges chrétiennes[54]. Pour peu on soupçonnerait Madame de Pringy d'une forte

[52] *Op. cit.*, p. 135-36.
[53] Madame de Sévigné, *Lettres*, t. II, [Lettre du 27 octobre 1679 ?], p. 490.
[54] G. de Villethierry, *La Vie des Vierges*.

allégeance janséniste, encore que les rigoureuses exigences de Bossuet[55] en matière de conduite féminine n'ont pas dû lui déplaire.

Nous assistons en somme à l'étalage d'un rigorisme moral utopique, en vogue dans l'entourage royal et soutenu sans doute par quelques douairières de province, mais peu en conformité avec le vent de folie qui souffla depuis peu sur l'esprit et les mœurs émancipées des coquettes de cette fin de siècle.

III. Les Bigotes

En 1694 nous sommes loin de la fameuse cabale des dévots, déclenchée jadis par l'interdiction du *Tartuffe* de Molière. Tartuffe était un faux dévot, tandis que Orgon était un bigot naïf et crédule. L'œuvre moliéresque frappait autant l'un que l'autre, et à en croire certaines hypothèses émises sur la première version de la pièce, en trois actes, Orgon était finalement le véritable dindon de la farce[56]. Quoiqu'il en soit, la fausse, voire maligne dévotion et la bigoterie hébétée se confondent sous le regard sévère de Madame de Pringy. Lorsqu'il s'agit des femmes, dites « bigotes », toute activité charitable est perçue comme des simagrées ou des manigances inspirées par l'amour-propre. La clé de l'analyse psychologique des *Caracteres* restera toujours pour toutes les femmes, dévotes ou non, une question d'amour-propre, mais pour les « bigotes » Madame de Pringy alourdit l'accusation en leur reprochant en outre un manque de charité sincère. Dans ce contexte il n'est pas inutile de rappeler que le concept de la charité chrétienne ne fut pas moins négligé lors des années bouillonnantes de l'affaire *Tartuffe*. En effet, l'auteur anonyme de la *Lettre sur la Comédie de*

---

[55] « Les dames modestes et chrétiennes voudront bien entendre en ce lieu les vérités de leur sexe. Leur plus grand malheur, chrétiens, c'est qu'ordinairement le désir de plaire est leur passion dominante ; et comme, pour le malheur des hommes, elles n'y réussissent que trop facilement, il ne faut pas s'étonner si leur vanité est souvent extrême, étant nourrie et fortifiée par une complaisance presque universelle. (...) C'est la raison principale pour laquelle, si je ne me trompe, on les exclut des sciences ; parce que, quand elles pourroient les acquérir, elles auroient trop de peine à les porter : de sorte que si on leur défend cette application, ce n'est pas tant, à mon avis, dans la crainte d'engager leur esprit à une entreprise trop haute, que dans celle d'exposer leur humilité à une épreuve trop dangereuse ». (« Panégyrique de Sainte Catherine », dans Bossuet, *Œuvres complètes*, t. XI, p. 528).

[56] Voir Gustave Michaut, *Les Luttes de Molière*, Paris, Hachette, 1925.

l'Imposteur, parue à Paris en 1667, consacre quelques beaux passages à l'importance primordiale de la charité, véritable clé de voûte de la vraie dévotion : « La charité ne souffre point de bornes ; tous lieux, tous temps lui sont bons pour agir et faire du bien (...) il n'est rien de si profane qu'elle ne sanctifie, de si corrompu qu'elle ne purifie, de si méchant qu'elle ne rectifie, rien de si extraordinaire, de si inusité et de si nouveau qu'elle ne justifie. Tel est le privilège de la vérité produite par cette vertu, le fondement et l'âme de toutes les autres vertus[57] ». La charité est et reste le nœud de toute action caritative. C'est précisément cette constante thématique de la charité qui est aussi au cœur de la diatribe de Madame de Pringy contre les « bigotes ».

Remarquons cependant en premier lieu que le chapitre sur les « Bigotes » a très peu en commun avec le portrait célèbre que fit La Bruyère d'Onuphre, ce dernier étant nettement inspiré par le Tartuffe de Molière. Le faux dévot de La Bruyère est avant tout un hypocrite qui s'affiche dans les églises et affecte un certain maintien qui donnerait quelque crédibilité à sa prétendue dévotion. La Bruyère établit la distinction entre l'être et le paraître : « Onuphre n'est pas dévot, mais il veut être cru tel, et par une parfaite, quoique fausse imitation de la piété, ménager sourdement ses intérêts » (« De la Mode », 24, éd. 1691). S'il fallait par ailleurs identifier une bigote dans les *Caractères* de La Bruyère, qui soit compagne de celles que dénonce Madame de Pringy, c'est de Zélie qu'il s'agirait : chez elle, « les passions tristes et austères ont pris le dessus et se répandent sur les dehors ; elles mènent plus loin, et l'on ne s'étonne plus de voir que la dévotion sache encore mieux que la beauté et la jeunesse rendre une femme fière et dédaigneuse » (« De la Mode », 25, éd. 1692). En effet, selon Madame de Pringy, lorsqu'il s'agit de dévotion, ou plus exactement de *fausse dévotion*, les femmes « l'ont presque toûjours par orgüeil et par amour propre ». La bigote se complaît dans « l'hypocrisie qui lui fait trouver un accord pour concilier Dieu et le monde, et pour satisfaire son amour propre sans blesser la devotion[58] ». La fausse dévotion serait donc un effet inévitable de la vanité féminine,

---

[57] « Lettre sur la comédie de l'imposteur », dans Molière, *Œuvres complètes*, t. I, Paris, Gallimard (La Pleiade), 1971, p.1170-1171.

[58] On notera que Madame de Maintenon, en 1709, dans une lettre à Madame de Caylus (1671-1729), sa favorite, se plaint que ses critiques « traitent (sa) devotion d'hipocrisie ; [et] tournent en ridicule la sévérité de sa morale » (*Lettres*, t. 2, p. 131).

un trait que Madame de Pringy ne cesse de clouer au pilori. Au lieu de s'attarder cependant aux marques caractérielles qui mineraient la vraie dévotion, comme dans le cas d'Onuphre, voire de Zélie, Madame de Pringy concentre sa critique sur la vertu théologale que nous avons évoquée plus haut, à savoir la charité, qui serait ignominieusement bafouée par les bigotes de l'heure. D'après elle, « On ne s'embarrasse pas d'être charitable, pourveu qu'on soit dame de la charité. Les dehors de la devotion leur suffisent, quand l'interieur lui seroit opposé ».

L'accusation est de taille, d'autant plus qu'elle semble vouloir frapper indifféremment toutes celles qui pratiquent quelque forme de charité que ce soit. On sait que l'œuvre caritative en France avait pris son essor au début du siècle sous l'impulsion de Vincent de Paul. En cette fin du XVIIe siècle, en dépit d'un relâchement des mœurs, voire d'une émancipation un peu frivole des femmes, les œuvres de charité, en collaboration avec l'Eglise, étaient soutenues par des femmes appartenant à la noblesse de robe ou à la haute bourgeoisie[59]. Leur dévotion n'était pas *a fortiori* un effet d'amour-propre ou de vanité. « La charité [est en danger], avait dit Saint Bernard, dans ceux qui vivent au milieu du siecle, et qui en suivent les maximes[60] ». Observation juste, certes, mais qui ne s'applique pas à toutes les pieuses femmes qui consacraient une partie de leur temps aux œuvres de charité[61]. Nous voulons croire que les fausses dévotes étaient légion,

---

[59] Voir René Taveneaux, *Le Catholicisme dans la France classique (1610-1715)*, Paris, S.E.D.E.S., 1980, t. I. Madame de Pringy, de son propre aveu, ne s'intéresse qu'aux dames du monde. Des études récentes en cours tendent cependant à montrer que la religion vécue, et avec elle la charité réelle, n'était pas absente des couches moins favorisées de la société. « La religion vécue n'est pas seulement la religion institutionalisée ; elle implique un sens particulier du sacré ; elle exprime des aspirations, des passions collectives refoulées, niées ou assumées partiellement par le clergé » (Robert Mandrou, *La France aux XVIIe et XVIIIe siècles*, 4e éd. Paris, P.U.F., 1987, « Directions de recherches », p. 297). On peut dire avec confiance que l'acte de charité n'était pas forcément un acte hypocrite.

[60] S. Bernard, *De Conversione ad clericos*, dans *Opera*, 3 vol., Rome, éd. Cisterciennes, 1957-1963, XXX.

[61] Rappelons aussi que Madame de Maintenon avait formé à Versailles une association de *Dames de la charité*, qui s'occupait activement de l'assistance aux pauvres, tout comme aux jeunes filles indigentes exposées à la séduction . « La plupart des dames de la cour, pour être nommées au roi, faisoient à l'envi des aumônes ; Madame de Maintenon arrachoit à la vanité ce qu'elle auroit en vain demandé à la

et que celles-ci retiraient quelque orgueil à mépriser les indigents qui leur demandaient secours. De là à marquer d'un fer rouge toutes les dévotes, et de les étiqueter automatiquement de « bigotes » manipulatrices, mues par un amour-propre démesuré, il y un pas que nous hésiterions à franchir[62]. Lorsque Madame de Pringy expose, sans la moindre nuance, les manigances des bigotes, ou de toutes celles qui s'adonnent à l'exercice de la charité, elle décrète aussitôt que : « Voilà l'exercice des devotes du temps, la recherche des employs qui leur assujettissent le plus de malheureux, et qui les élevent au dessus d'une conduite ordinaire ». En somme, elle a une fâcheuse tendance à diaboliser les femmes dès qu'elles se consacrent aux œuvres de charité. Elle reprend ainsi l'ancien préjugé de tous les acharnés de la démonologie qui « vibrent à l'unisson lorsqu'ils flétrissent la femme, organe privilégié du diable[63] ». D'après elle, la vanité féminine recouvre « le secret dont le démon se sert auprès des femmes, il leur fait voir les preceptes de la religion avec des yeux d'indiference ». On doute qu'une telle rigueur surannée ait eu un écho favorable, même et surtout auprès des plus pieuses lectrices du temps.

IV. La Pieté

Ce n'est peut-être pas par hasard que Madame de Pringy ait appelé ce chapitre « La Pieté », plutôt que « La Dévotion », ce dernier terme étant empreint d'une certaine ambiguïté, particulièrement depuis la parution des *Caractères* de La Bruyère. En effet, lorsque La Bruyère parle de la « dévotion » ou de « dévots », il précise à plusieurs reprises dans une note qu'il s'agit en réalité de « fausse dévotion » ou

---

vertu. » (Madame de Genlis, *op. cit.*, t. II, p.71-72). Madame de Maintenon elle-même, dit-on, faisait preuve d'un grand esprit de charité, « consacrant aux infortunés les trois quarts de son revenu (...) et son immense charité ne se ralentit jamais » (Mme de Genlis, *Ibidem.*, p. 79 et p. 189).

[62] On remarquera que de ce point de vue Madame de Pringy adhère à l'austérité morale des jansénistes qui estiment que l'homme ne peut acomplir de bonnes œuvres « que par un esprit d'orgueil, d'intérêt, ou par tout autre motif tiré de la concupiscence, et non par le seul motif vraiment moral, qui serait l'amour désintéressé de Dieu » (Jean Laporte, *Études d'Histoire de la philosophie française au XVIIe siècle*, Paris, Vrin, 1951, « Le Jansénisme », p. 97).

[63] Pierre Darmon, *op. cit.*, p. 31.

de « faux dévots »[64]. Afin d'éviter toute confusion, Madame de Pringy a donc préféré le terme de « bigotes », qui désigne quiconque « contrefait le devot, [et] prie Dieu avec hypocrisie », contrairement à ces bigotes « qui ont une superstition, et une devotion outrée » (Furetière), ces dernières péchant davantage par ignorance et naïveté que par fourberie.

Les réflexions de Madame de Pringy sur la piété sont enrobées d'une onction religieuse que l'on trouverait plus volontiers sous la plume d'un ecclésiastique que sous celle d'une femme qui vit dans le monde. Il y a même un certain degré de bigoterie naïve dans ces propos exclusivement centrés sur l'amour de Dieu. La piété impose « la régle d'une ame qui cherche vrayement Dieu, un desir brulant de tout faire pour son amour, une impression de sa Divinité qui nous anéantit sans cesse[65] ». Nous frôlons ici, d'une part les convictions jansénistes lorsqu'il s'agit de reconnaître l'obligation d'aimer Dieu[66], mais d'autre part les exhortations de François de Sales parlant de l'amour de Dieu : « Mais quant à nous, Théotime, mon cher ami, nous voyons bien que nous ne pouvons pas être vrais hommes sans avoir inclination d'aimer Dieu plus que nous-mêmes, ni vrais Chrétiens sans pratiquer cette inclination : aimons plus que nous-mêmes Celui qui nous est plus que tout et plus que nous-mêmes[67] ». Le rigorisme de

---

[64] Voir « De la mode », 20 (éd. 1691), 21, 22 (éd. 1692), 24 (éd. 1691), 25 (éd. 1692), 26 (éd. 1689). Rappelons à ce propos que Bourdaloue abordait le sujet dans ses *Pensées sur divers sujets de religion et de morale*, « De la vraie et de la fausse dévotion » (*Œuvres complètes de Bourdaloue*, 4 Tomes, Paris, Eudes, Libraire-Éditeur, 1872, t. IV, p. 365-381), connues seulement après sa mort. Comme nous l'avons déjà mentionné, il est probable que Madame de Pringy a été admise dans le petit cercle d'intimes de Bourdaloue, ce qui expliquerait en partie la présence d'un certain type de spiritualité ascétique dans l'œuvre de Madame de Pringy.

[65] Dans une lettre datée du 28 mars 1692, à Madame de Brinon (la première supérieure de la maison de Saint-Cyr), Madame de Maintenon écrit : « soyez ravie d'être aimée et respectée pour l'amour de Dieu, et renoncez à l'amour propre qui voudroit s'attirer ces sentimens pour lui-même. Quand je vois nos cheres filles agir en esprit de foi, j'ai une grande espérance qu'elles s'établissent sur des fondemens solides » (*Lettres*, t. 2, p. 29-30). Voilà l'esprit même de la pensée de Madame de Pringy.

[66] Voir à ce sujet *La Doctrine de Port-Royal, La Morale (après Arnaud)*, Paris, Vrin, 1951, de Jean Laporte.

[67] *Traité de l'amour de Dieu*, Livre X, Chapitre X. Publié pour la première fois en 1616, le Traité de François de Sales avait connu plusieurs rééditions, surtout dans ses

Madame de Pringy en la matière n'est donc pas exceptionnel ni même « hérétique ». Non contente cependant de prêcher et de préconiser un mode de vie et une activité spirituelle qui s'apparenteraient plutôt à l'existence cloîtrée de quelque pieuse religieuse, Madame de Pringy laisse encore entendre des accents pascaliens, voire nettement augustiniens. Lorsque Pascal écrit que « La grandeur de l'homme est grande en ce qu'il se connaît misérable[68] », il souligne avant tout la prise de conscience de l'homme de sa misère et de son néant. Ou lorsque Pierre Nicole écrit que « Si donc l'orgueil vient de l'idée que l'homme a de sa propre force et sa propre excellence, il semble que le meilleur moyen de l'humilier soit de le convaincre de sa faiblesse[69] », nous touchons aux fondements d'une doctrine destinée à abaisser, voire à nier l'efficacité de toute ambition humaine. C'est à cette analyse austère de l'humaine condition que les propos de Madame de Pringy font écho : « Le même zele qui l'éleve à Dieu par amour, qui l'unit au prochain par charité, l'abaisse aussi jusqu'à lui-même par une humilité profonde, et lui fait voir le néant et le peché qui lui sont propres ».

La piété que réclame Madame de Pringy est à la fois exigeante et, à toutes fins utiles, impraticable pour quiconque vit dans le monde[70]. Nous sommes sous l'impression de lire quelque extrait, les fleurs de rhétorique en moins, d'un sermon prononcé pas un ecclésiastique bien intentionné, mais intolérant jusqu'à l'outrance. Le style est compassé

Œuvres complètes, en 1637, 1641, 1652, et encore en 1685. Il va de soi que Madame de Pringy en eut connaissance, tout comme de *L'Introduction à la vie dévote*, ou des *Entretiens spirituels* où le Sixième Entretien est « Sur le sujet de la Modestie ». Nous citons d'après l'édition de Ravier et Devos, *Œuvres*, Paris, Gallimard (La Pléiade), 1969.

[68] *Pensées*, 255 dans *Œuvres complètes*, éd. J. Chevalier, Paris, Gallimard (La Pléiade), 1954) ou 397 dans *Pensées et Opuscules*, éd. Brunsschvicq, Paris, Hachette, 1951.

[69] Pierre Nicole, *Essais de Morale* (1671), cité par Maurice Catel, dans *Les écrivains de Port-Royal*, Paris, Mercure de France, 1962, p.324.

[70] On ferait volontiers une exception pour Madame de Maintenon. Dans les *Mémoires pour servir à l'histoire de Madame de Maintenon*, La Beaumelle (1726-1773), que cite Madame de Genlis, rapporte ces mots de la reine (épouse de Louis XIV en 1684) : « Je sens que je suis à Dieu, je désire sa gloire, je travaille à rendre mon âme plus pure, je m'occupe à lui donner ceux auxquels il m'a attachée. Mes affections me restent, mais elles lui sont soumises (...) La dévotion rend le cœur tendre sur le malheur des hommes, et l'esprit éclairé sur les objets de la véritable gloire » (*op. cit.*, t. II, p. 193). Madame de Pringy n'aurait pas pu dire mieux.

et aurait grandement profité des sages conseils que distribuerait en 1700 Pierre de Villiers dans ses *Pensées et réflexions sur les égarements des hommes dans la voie du salut*. Se plaignant des « longs discours et [d'] un grand nombre d'autorités et de passages » dans les livres de piété, il estimait que la vérité gagnerait à être « renfermée en moins de paroles et exprimée d'une manière plus vive et plus naturelle[71] ». Et surtout moins maussade et alarmiste, mais faisant preuve d'une certaine humanité accommodante, comme celle que l'on trouve sous la plume du chanoine Étienne-François Vernage qui écrit en 1690 dans ses *Nouvelles réflexions ou sentences et maximes morales et politiques*, fortement inspirées par La Rochefoucauld et Madame de Sablé, qu' « Il n'y a rien qui soit plus capable de décrier la véritable piété qu'une dévotion mal réglée, bizarre et incommode. La vertu la plus pure n'est pas incompatible avec l'honnêteté, la civilité et les bienséances[72] ». Tel n'est certes pas l'esprit de piété que prône Madame de Pringy.

V. Les Spirituelles

Lorsque Madame de Pringy parle d'« une femme qui se pique d'esprit », elle désigne à toutes fins utiles une femme qui a quelque prétention intellectuelle. Le chapitre consacré aux « Spirituelles » renoue donc avec la vieille tradition phallocratique qui tenait la femme pour intellectuellement inférieure à l'homme et qui, par conséquent, abhorrait toute tentative féminine de s'initier aux sciences de l'heure. Avec beaucoup moins d'humour, les propos de Madame de Pringy relancent le débat des « *Femmes savantes* » de Molière, où le sage et raisonnable Clitandre mettait promptement les points sur les i :

> Je consens qu'une femme ait des clartés de tout ;
> Mais je ne lui veux point la passion choquante
> De se rendre savante afin d'être savante ;
> Et j'aime que souvent, aux questions qu'on fait,
> Elle sache ignorer les choses qu'elle sait ; (v. 218-222)

---

[71] Cité dans *Moralistes du XVIIe siècle*, Paris, Robert Lafond, 1992, p. 65.

[72] Cité dans *Moralistes du XVIIe siècle*, p. 278 (8).

Au moment où Madame de Pringy s'adresse aux « spirituelles » de son temps, la querelle des Anciens et des Modernes fait rage, la plupart des femmes, précieuses attardées en tête, s'étant tout naturellement rangées du côté des Modernes. Une soif de connaissances, un besoin d'instruction en marge de l'éducation traditionnelle des filles, s'étaient infiltrés dans les milieux mondains où les femmes cherchaient à rivaliser d'intelligence et de savoir avec les hommes. Madame de Pringy, traditionaliste jusqu'aux bouts des ongles, et intraitable pour les femmes, ne conçoit guère qu'une femme ait vraiment « des clartés de tout ». Elle ne voit dans les nouvelles savantes que simagrées et étalage de vues à court terme qui exposent plus d'ignorance que de génie. Elle rechigne à donner quelque crédit aux femmes « spirituelles », car la nature féminine ne se prête pas aux explorations des sciences. Ces courtes vues sur la capacité intellectuelle des femmes n'est pas une exclusivité de Madame de Pringy. Elle vit dans un monde où la débilité intellectuelle des femmes est reconnue pour un fait. On peut y remédier, certes, mais de façon modérée, et sans jamais chercher à mettre hommes et femmes sur un pied d'égalité. Comme nous l'avons laissé entendre, les leçons de Poullain de la Barre, relativement récentes pourtant, sont restées lettre morte. Par ailleurs on retrouve le même état d'esprit défaitiste chez les éducateurs des filles. Fénelon établit des bases peu solides pour définir l'éventail des études des filles : « Il est vrai qu'il faut craindre de faire des savantes ridicules. Les femmes ont d'ordinaire l'esprit encore plus faible et plus curieux que les hommes ; aussi n'est-il point à propos de les engager dans des études dont elles pourraient s'entêter (...) Celles qui ont de l'esprit, s'érigent souvent en précieuses, et lisent tous les livres qui peuvent nourrir leur vanité[73] ». Claude Fleury n'est pas plus encourageant : « premièrement elles [les jeunes filles] ne doivent ni ignorer la religion, ni y être trop savantes », et elles « se peuvent passer de tout le reste des études, du latin et des autres langues, de l'histoire, des mathématiques, de la poésie, et de toutes les autres curiosités[74] ». Quant à Madame de Maintenon, fondatrice et marraine de l'école de

[73] Fénelon, *De l'Éducation des filles*, p. 6-7 et 14.

[74] Claude Fleury, *Traité du choix et de la méthode des études* (1686), cité dans M. Albistur et D. Armogathe, *Histoire du féminisme français*, Paris, éd. des Femmes, 1977, t. 1, p. 220.

Saint Cyr[75], elle disait volontiers en comparant les femmes aux hommes : « Nous avons autant de mémoire, mais moins de jugement ; nous sommes plus folles, plus légères, moins portées aux choses solides[76] ». C'est encore elle qui « S'apercevant que ses élèves de Saint-Cyr devenoient métaphysiciennes, (elle) mit tous ses soins à bannir de Saint-Cyr les prétentions à l'esprit, elle y parvint : aussi la maîtresse de la grande classe lui dit un jour : Soyez contente, madame, les rubans jaunes n'ont pas le sens commun[77] ». Et lorsque Madame de Maintenon s'affole devant le tollé que souleva la représentation « mondaine » d'*Esther* de Racine, elle écrit une longue lettre à Madame de Fontaines, supérieure des classes, où on lit : « J'ai voulu que les filles aient de l'esprit, qu'on élevât leur cœur, qu'on formât leur raison ; j'ai réussi ce dessein ; elles ont de l'esprit, et s'en servent contre nous. Elles ont le cœur élevé, et sont plus fières et plus hautaines qu'il ne conviendrait de l'être aux plus grandes Princesses. A parler même selon le monde, nous avons formé leur raison, et fait des discoureuses, présomptueuses, curieuses, etc. C'est ainsi que l'on réussit, quand le désir d'exceller nous fait agir[78] ». C'est dire claire-

---

[75] École fondée en 1686, avec décret royal faisant de Madame de Maintenon la « supérieure de cette communauté, autant pour le spirituel que pour le temporel » (Voir Madame de Genlis, *op. cit.*, t. 2, p. 110).

[76] Cité dans *Histoire du féminisme français*, t. I, p. 221.

[77] Voir Madame de Genlis, *op. cit.*, p. XXIII, note (2). Les « rubans jaunes » étaient portés par les Demoiselles de Saint-Cyr de la Seconde classe (contrairement à celles de la première Classe, qui portaient des rubans bleus). Voir Album Théâtre classique, Paris, Gallimard (La Pléiade), 1970, p. 258. Ajoutons à cela les rubans rouges et les rubans noirs (voir Charles Gidel, *Les Français du XVIIe siècle*, éd. nouvelle, Paris, Garnier Frères, s.d., p.441.) On songe aussi aux modestes ornements qu'avaient portés les demoiselles qui, en 1691, interprétaient *Athalie* dans la « chambre bleue ». Sainte-Beuve écrit que « les demoiselles [étaient] vêtues de leurs habits ordinaires, sauf quelques perles et quelques rubans de plus » (*Port-Royal*, 3 tomes, Paris, Gallimard (La Pléiade), 1955, III, p. 585). Madame de Maintenon appelait les filles de la première classe les « filles bleues » (Madame de Maintenon, *Lettres*, t. 1, p. 230).

[78] Lettre du 16 septembre, 1691, citée par René Jasinski, dans *Autour de l'Esther racinienne*, Paris, Nizet, 1985, p. 224. A ce propos on notera également que Madame de La Maisonfort, « femme distinguée, esprit curieux, amoureux des recherches, et qui était faite pour un tout autre cadre qu'elle avait choisi », était maîtresse à Saint-Cyr, mais « dut être retranchée de Saint-Cyr » à cause de ses goûts éclectiques, peu conformes à ceux de Madame de Maintenon (voir Sainte-Beuve, *Causeries du lundi*, 16 vol., Paris, Garnier Frères, 1885, t. 8, dans « Histoire de la maison royale de Saint-Cyr, par M. Théophile Lavallée », p. 482-483). Un autre mot de Madame de

ment que « l'esprit » des filles risquait de s'épanouir trop librement aux dépens des dévotes bienséances[79]. Voilà, certes, une attitude que l'on qualifierait aisément aujourd'hui de misogyne, et que reflètent en 1694 les réflexions de Madame de Pringy sur l'esprit des femmes. Enfin, on verra que Madame de Pringy, par endroits, essaie d'imiter, sans y parvenir tout à fait, le style du portrait vif et caustique dans lequel La Bruyère avait excellé. C'est en abordant les habitudes langagières des « spirituelles », somme toute des reliquats des anciennes précieuses promues enfin au rang de savantes, qu'elle fait remarquer qu'« Elle étudie ses mots, car le terme fait tout à la chose auprès d'elle ; toute l'érudition ne sçauroit luy plaire sans politesse ; parce que la sagesse et la verité n'est pas son étude, mais la delicatesse et l'usage : et pourveu qu'elle observe une pureté d'expressions qui l'exempte de pecher contre les loix du beau langage, elle se repose du surplus et ne s'embarrasse guere de penser comme une autre pourveu qu'une autre ne parle pas comme elle ». En fin de discours, elle enfonce un dernier clou dans le cercueil des « spirituelles », dont tous les défauts ont été dénombrés, en mettant ses cartes sur table : « Les hommes sont exempts de cet écüeil ». C'est dire clairement où est le camp des naufragées.

VI. La Science

Le débat auquel Madame de Pringy tente de participer avait été lancé quelques années plus tôt par l'admirable intervention de Poullain de la Barre. C'est dès 1671, dans *De l'éducation des dames, pour la conduite de l'esprit dans les sciences, et dans les mœurs*, puis en 1673, dans *De l'égalité des deux sexes*, et enfin en 1675, dans *De l'excel-*

Maintenon : « Les femmes ne savent jamais qu'à demi, et le peu qu'elles savent les rend communément fières, dédaigneuses, causeuses, et dégoûtées des choses solides » (Cité dans Sainte-Beuve, *Port-Royal*, III, p. 488 ; et dans Charles Gidel, *op. cit.,*, p. 444). A propos de Madame de Maisonfort, on retiendre deux lettres de Madame de Maintenon qu'elle lui adressa, l'exhortant à mener une vie « cachée, mortifiée, et privée de tous les plaisirs » (*Lettres*, t.2, p. 88), et de comprendre qu'« on n'est en repos que lors qu'on s'est donné à Dieu ; mais avec cette volonté déterminée dont je vous parle quelquefois » (*Ibidem*, p. 92).

[79] En 1686, Madame de Maintenon avait encore pleine confiance en ses filles : « Si cela se soutient, il ne se commettra pas dans cette maison deux péchés mortels par année » (*Lettres*, le 24 octobre 1686, dans *op. cit.*, p.234).

lence des hommes, contre l'égalité des sexes, que Poullain de la Barre examinait les fondements de l'égalité « spirituelle » entre les hommes et les femmes. Sa démonstration rationnelle, inspirée par Descartes, avait ainsi pris la relève de l'*Égalité des hommes et des femmes* (1622), de Marie de Gournay, petit traité issu de l'émotion et de l'esprit de révolte, plus que d'une quelconque dialectique rationnelle. Plus tard dans le siècle, en 1681, *Le Mercure Galant* avait fait état d'un projet grandiose de Madame Saliez Viguière d'Albi, *Projet pour une secte de philosophes en faveur des dames*, indiquant nettement que les femmes étaient déterminées à réclamer leur juste part du savoir : « Nous sommes déjà assez philosophes, lit-on, pour savoir que les bonnes qualités et les vertus relèvent de l'empire de l'esprit et de la volonté et non pas de celui de la Fortune[80] ». Enfin, un an avant les *Caracteres* de Madame de Pringy, donc en 1693, Gabrielle Suchon publia un sévère réquisitoire contre « l'injustice ressentie, en tant que dominée, par une femme qui refuse la dépendance, où magistrats, législateurs, politiciens et opinion publique veulent la confiner[81] ». C'est dans son *Traité de la morale et de la Politique* que l'on peut lire que « les femmes que l'on élève dans la contrainte et dans l'ignorance en les privant d'une liberté et des moyens d'acquérir les sciences ne sont pas plus heureuses au sujet de l'Autorité et du gouvernement. L'on peut dire que cette privation, non seulement est aussi grande que les deux autres, mais encore, qu'elle leur sert de cause et de principe : parce que les hommes ne privent les personnes du beau sexe, des deux premiers avantages, que pour les empêcher de prétendre au troisième[82] ». En dépit de son conservatisme, Madame de Pringy ne pouvait ignorer la réalité de la condition féminine, telle qu'elle fut exposée et dénoncée par Gabrielle Suchon. C'est ce qui explique le préambule positif de son chapitre : « L'Esprit est de tout sexe. L'ame est un être spirituel également capable de ses operations dans les femmes comme dans les hommes[83] ». Curieusement toutefois, la

---

[80] Voir Monique Vincent, « Les pouvoirs de la femme d'après *Le Mercure galant* », dans *XVIIe siècle*, 144, 3, p. 247-248.

[81] Pierre Ronzeaud, « La femme au pouvoir ou le monde à l'envers », dans *XVIIe siècle*, 108, p. 28.

[82] Cité par Pierre Ronzeaud, *art.cit.*, p. 30.

[83] Contrairement à La Bruyère et à Gabrielle Suchon, l'un et l'autre ayant des motifs et des conclusions différents, Madame de Pringy ne traîne pas les hommes dans le

majeure partie de l'exposé porte principalement sur les avantages du savoir, que celui-ci soit recherché indifféremment par un homme ou par une femme : « la science est necessaire à tout le monde », un truisme de taille qui n'apprend rien sur les facultés intellectuelles des femmes. En fait, Madame de Pringy fait l'éloge du savoir et du plaisir qu'on en tire. A cette occasion elle en profite pour chanter les louanges de l'Antiquité, démontrant ainsi à plein qu'elle appartient incontestablement au parti des Anciens dans la querelle que ravive en 1694 la *Satire X* de Nicolas Boileau. C'est avec enthousiasme qu'elle se réjouit d'« Avoir la liberté de choisir dans des sentimens parfaits celui qui nous est le plus agreable et de faire de l'antiquité la plus éloignée un plaisir toûjours nouveau pour nôtre imagination, pouvoir contribuer à régler sa conduite en satisfaisant sa curiosité, et mettre par l'intelligence de nos ancétres un ordre à nos pensées et à nos discours aussi juste que la raison en met à nos actions ». Lorsqu'elle évoque enfin le rôle des femmes dans la conquête du savoir, c'est avec les préjugés d'usage qui nous avertissent des faiblesses traditionnelles des femmes : « C'est pourquoi les femmes qui sont plus capables par la vivacité qu'elles ont à s'élever aux choses les plus sublimes, et plus sujettes par le changement à quitter la verité quand elles l'ont une fois atteinte, ont plus besoin de sciences que tout autre pour élever leurs lumieres avec ordre et les fixer avec asseurance ». C'est toute l'instabilité et la variabilité féminines proverbiales qui sont, une fois de plus, rappelées avec une férocité des plus subtiles. Les leitmotiv courants de l'analyse de la psyché féminine chez Madame de Pringy abondent : vanité, amour-propre, humilité obligée. En somme, sous le couvert d'un exposé sur les vertus de la science qui serait aussi à la portée de toutes les femmes, Madame de Pringy soutient subrepticement la méfiance séculaire des hommes au sujet des aptitudes intellectuelles des femmes.

débat. La Bruyère annonçait sa couleur dans l'édition de 1692 de ses *Caractères* : « Pourquoi s'en prendre aux hommes de ce que les femmes ne sont pas savantes ? Par quelles lois, par quels édits, par quels escrits leur a-t-on défendu d'ouvrir les yeux et de lire, de retenir ce qu'elles ont lu, et d'en rendre compte ou dans leur conversation ou par leurs ouvrages ? » Suit une critique fielleuse des femmes, seules responsables, selon lui, de l'ignorance dont elles se plaignent (« Des Femmes, 49 »).

VII. Les Economes[84]

« La plus utile et honnorable science et occupation à une femme, c'est la science du mesnage. J'en vois quelcune avare, de mesnagere fort peu. C'est sa maistresse qualité, et qu'on doibt chercher avant tout autre, comme le seul doire [dot] qui sert à ruyner ou à sauver nos maisons. Qu'on ne m'en parle pas, selon que l'experience m'en a apprins, je requiers d'une femme mariée, au dessus de toute autre vertu, la vertu œconomique[85] ». Cent ans avant Madame de Pringy, Montaigne définissait à son époque le rôle majeur de la femme mariée, celui d'une gestionnaire des biens domestiques. Ce rôle, c'est aussi celui que lui assignera encore explicitement Fénelon, ou auquel on prépare activement les jeunes demoiselles de Saint-Cyr[86].

Lorsque Madame de Pringy évoque dans ses « Economes » « une des plus loüables vertus des femmes » , elle songe évidemment à leurs qualités de ménagères avisées, régnant sur la gestion financière des biens. Nous nageons donc, une fois de plus, en plein traditionalisme « antiféministe ». Ce qui est cependant plus nouveau, ou plus original chez Madame de Pringy, c'est qu'elle insiste pour ainsi dire exclusivement sur les excès des « economes », plus qu'elle n'en fait l'éloge. Au lieu d'aborder le sujet d'une sage économie, comme elle le fera ensuite dans le chapitre sur « La Regle », elle rattache sans ambiguïté le caractère des femmes « economes » à l'avarice. Ce jugement arbitraire lui a sans doute été inspiré par les propos de Fénelon dans son *Éducation des filles*. Fénelon avait prescrit, certes, aux femmes mariées de se charger « du détail de la dépense, des moyens de faire tout avec économie et honorablement, d'ordinaire même de faire les fermes[87]

---

[84] Furetière écrit « oeconome », « oeconomie » : « Mesnagement prudent qu'on fait de son bien, ou de celui d'autruy. L'oeconomie est la seconde partie de la Morale, qui enseigne à bien gouverner une famille, une Communauté. (...) *Quelquefois on couvre l'avarice du nom honneste d'oeconomie* » (nous soulignons).

[85] Montaigne, *Les Essais*, éd. Pierre Villey, 3 vol. Paris, Quadrige, P.U.F., 1965, III, XI, p. 975.

[86] Les instructions de Madame de Maintenon étaient claires : « Apprenez à vos demoiselles à être extrêmement sobres sur la lecture, à lui préférer toujours l'ouvrage des mains, les soins du ménage, les devoirs de leur état,... » (Cité dans Ch. Gidel, *op. cit.*, p. 444)

[87] « Ferme, est aussi un bail ou loüage qu'on fait d'heritages ou de toutes sortes de droits, moyennant certains prix ou redevances qu'on paye tous les ans au proprietaire » (Furetière).

et de recevoir les revenues ». Par ailleurs il avait également fait de sérieuses mises en garde : « ... mais craignez aussi que l'économie n'aille en elle jusqu'à l'avarice ; montrez-leur en détail tous les ridicules de cette passion. Dites-leur ensuite : Prenez garde que l'avarice gagne peu, et qu'elle se déshonore beaucoup[88]... ». Exactement le thème que Madame de Pringy développe ici *ad nauseam*. Ses vues implacables sur la femme économe risquent même d'ajouter à la confusion dans le langage du temps autour des acceptions de « oeconome » et d'« avare ». Ce qui frappe surtout dans l'analyse de Madame de Pringy, c'est une propension à établir une cause à effet, sans la moindre nuance, qui ressemble étrangement à des conclusions d'ordre psychanalytique, plus courantes dans le discours contemporain que dans la littérature du XVIIe siècle. En effet, elle appréhende, puis établit une nette relation entre la vie cachée, ou effacée, des femmes économes qui dirigent les biens du patrimoine, et leur tendance à pratiquer l'avarice : « Le temperament qui la porte à mener une vie cachée, la porte à cacher son argent, et tout l'amour qu'elle témoigne pour les choses raisonnables n'est effectivement que pour le bien ». C'est évidemment suggérer qu'une femme économe est forcément un être aux modestes ambitions sociales, et que cette condition de recluse la pousse insensiblement à la cupidité. Ce qui ressort donc de ces réflexions sur les « economes », c'est que Madame de Pringy est finalement plus intéressée à peindre le portrait d'une femme avaricieuse, plutôt que d'une femme occupée aux besoins financiers de son ménage, telle que Montaigne le souhaitait. Elle écrit d'ailleurs : « de l'economie à l'avarice il n'y a qu'un pas ».

Le chapitre sur « Les Economes » est en fin de compte un faux-fuyant qui permet de vitupérer les femmes soupçonnées ou accusées d'avarice. On remarquera à ce propos que Madame de Pringy doit peu ici à la sagacité de La Bruyère. Le moraliste s'abstient de commenter la conduite particulière d'une femme avare. Sa plus virulente sortie contre l'avarice frappe les êtres humains en général, dans son « De l'Homme » (114), où il écrit que certains « souffrent du présent, du passé, et de l'avenir ; dont la vie est comme une pénitence continuelle, et qui ont ainsi trouvé le secret d'aller à leur perte par le chemin le plus pénible : ce sont les avares ». Ce que Madame de Pringy lui

---

[88] *De l'Éducation des filles*, chapitre XI, p. 143 et 148.

emprunte, peut-être, c'est l'idée de ces constantes souffrances que les avares infligent à eux-mêmes : comme La Bruyère, elle déplore que « Si bien que le tems passé fait leurs regrets, le present leurs chagrins et le futur leur crainte ».

Le portrait de la femme avare, sans rapport soutenu avec la femme économe, est impitoyable. Lorsque deux ans plus tard, l'abbé de Bellegarde publie ses *Reflexions sur le ridicule et sur les moyens de l'éviter*, il mêle malgré tout la sévérité à l'indulgence lorsqu'il peint le portrait d'une femme avaricieuse : « On pardonne à Hesione sa lésine, puisqu'elle en est assez punie, par la privation de tous les plaisirs qu'elle se refuse ». Par contre, il est intraitable en jugeant la portée morale de son avarice : « ... mais ce qu'on ne lui pardonne pas, c'est le mauvais manège dont elle se sert, pour avoir de l'argent par des voies injustes et indignes d'une femme de qualité[89] ». A ce point de vue, l'abbé de Bellegarde se fit évidemment l'écho de l'inflexibilité de Madame de Pringy. En effet, en dénonçant la charité vicieuse d'une femme avare, elle n'y voit que « Prétexte qui la trompe en abusant les autres et qui lui fait faire des choses honteuses dont elle tire gloire en secret, se loüant en elle-même de mille lâchetez qui lui épargnent quelque argent et qui lui coûtent plus d'honneur qu'elle n'a de bien ». L'avarice, et non la sage économie dont Madame de Pringy parle peu, est donc en dernière analyse un vice indélébile aux yeux des hommes et, en fin de compte, un péché contre le « Christianisme ».

VIII. La Regle

En guise de commentaire liminaire, nous voudrions rappeler que la France des dernières décenies du XVIIe siècle avait été saignée à blanc par les guerres coûteuses de Louis XIV, particulièrement par la guerre de Hollande, entreprise en 1672 et aboutissant en 1679 à des gains douteux. Depuis lors les hostilités n'avaient pas cessé entre la

---

[89] Abbé de Bellegarde, *Reflexions sur le ridicule et sur les moyens de l'eviter*, La Haye, Guillaume de Voys, 1720, « De l'Interest », p. 271-272. L'abbé de Bellegarde mérite mieux que la sévérité d'Antoine Adam, lorsque ce dernier écrit qu'il « faut avoir lu (...) l'abbé de Bellegarde, avoir subi la banalité de leurs remarques et la pâle médiocrité de leur style pour apprécier à sa juste valeur le livre de La Bruyère ». (*Histoire de la littérature...*, t. V, p. 199). Il n'a pas la nonchalante causticité de son célèbre contemporain, mais ses observations sur la société de son temps ne manquent ni de finesse ni d'humour.

France et les troupes de Guillaume d'Orange, les batailles de Steinkerke en 1692, et de Neerwinden en 1693 en étant, entre autres, des points culminants. La France s'était épuisée en hommes et en ressources, alors que Louis XIV avait maintenu sans relâche sa légendaire prodigalité. Lorsqu'il s'agit de la « regle » qui implique sagesse et économie dans la gestion des affaires, on peut dire que la cour du roi avait été loin d'être un exemple exaltant. Les dépenses de la cour[90], même au moment où la gestion austère de Madame de Maintenon avait condamné les frivolités d'usage, voisinaient avec la pauvreté et l'indigence du peuple[91]. En 1692 ou 1693, Fénelon avait adressé une lettre sévère à Louis XIV, lettre interceptée sans doute par Madame de Maintenon, où le prélat avait dressé un bilan désastreux de l'état du royaume et de sa ruine financière. Fénelon reprochait à la Cour un « luxe monstrueux et incurable ». Il condamnait les ministres de n'avoir « connu d'autre règle ni pour l'administration du dehors de l'État, ni pour les négociations étrangères, que de menacer, que d'écraser, que d'anéantir tout ce qui leur résistait ». Cette lettre, que Louis XIV n'a probablement pas lue, constituait un réquisitoire des plus impitoyables contre les abus du pouvoir, et contre les tristes manquements à la « regle »[92].

---

[90] Saint-Cyr avait été aménagé à grands frais et inauguré en juillet 1686, alors que la communauté existante de Noisy y fut transférée. Voir Sainte-Beuve, *Causeries du lundi, art. cit.*, p. 479-480. Au sujet de la fondation de Saint-Cyr, Saint-Simon dit du bout des lèvres : « Le magnifique établissement de Saint-Cyr suivit de près la révocation de l'Édit de Nantes. (...) La riche mense abbatiale de Saint-Denis, qu'elle [Madame de Maintenon] fit unir à Saint-Cyr, diminua d'autant la dépense d'une si grande fondation aux yeux du roi et du public, et l'objet en étoit en soi si utile qu'il ne reçut que de justes applaudissements. » (Saint-Simon, *La Cour de Louis XIV*, Paris, Nelson, s.d., p. 419-420).

[91] Qu'on lise ce témoignage : « Louis connaissait une partie des malheurs publics, mais il affectait de n'en rien savoir, (...) Malgré la pauvreté publique, les impôts augmentaient de jour en jour et le peuple était réduit au désespoir. » (Robert Challes, nommé « écrivain du roi » en 1683, cité dans *Louis XIV*, présentation par Georges Mongrédien, Paris, Albin Michel, 1963, p. 359).

[92] Voir la lettre de Fénelon, précédée d'une notice explicative, dans *Louis XIV*, éd. cit., p. 316 et 322-331. Fénelon ne se départira jamais de sa combativité politique. On en trouve de nombreuses traces dans le *Télémaque*, ou dans l'*Examen de conscience*, rédigé plus tard pour le duc de Bourgogne. Sa correspondance, surtout au duc de Chevreuse, en témoigne aussi abondamment : « Notre mal vient de ce que cette guerre n'a été jusqu'ici que l'affaire du roi, qui est ruiné et décrédité. Il faudrait en faire l'affaire véritable de tout le corps de la nation. » (Lettre du 4 août, 1710, citée par

C'est sans doute dans ce contexte politico-économique que l'on devrait lire et comprendre les observations de Madame de Pringy sur la « La Regle ». Il est peu probable qu'elle ait eu vent de la diatribe fénelonienne, mais toute personne un tant soit peu avertie à l'époque n'ignorait pas le marasme financier que les extravagances royales avaient entraîné.

Sous les dehors affichés d'un écrit moralisateur, la réflexion de Madame de Pringy sur « La Regle » n'est donc peut-être pas tout à fait sans sous-entendus politiques. On remarque en effet qu'elle aborde la question de l'ordre et de la règle, cette dernière étant le fondement de l'ordre, en soulignant leur nécessité *au sein de l'État*[93], tout comme ordre et règle s'imposent naturellement dans des communautés religieuses[94]. A la suite du chapitre sur « Les Economes », on s'attendait évidemment à ce qu'elle s'en tienne strictement à la discipline domestique que les femmes devraient observer en leur ménage. Il n'en est rien, puisqu'il s'agit dans la majeure partie de son exposé de l'obligation morale qu'ont tous les hommes à respecter la « regle », source de « repos, [de] santé et [de] la fortune ». On remarquera également que toute identification particulière en début de ce discours disparaît sous l'anonymat et la neutralité du « on ». De toute évidence le caractère des femmes, objet du traité, est longuement délaissé au profit de réflexions plus générales sur les vertus de la « regle », nettement rattachée aux besoins de l'économie. La « regle », strictement observée, devient même la panacée aux délices du bonheur vertueux, « car le consentement le plus parfait [aux règles] est celui de la tranquilité de l'ame et cette joie complette ne sçaurait subsister où regnent le crime et le vice, et c'est le partage d'une conduite dereglée, la haine des bonnes choses et l'habitude des mauvaises ». Mora-

---

Philippe Sagnac, dans *La Formation de la société française moderne*, I, Paris, P.U.F., 1945, p. 169).

[93] Nous soulignons.

[94] « Regle, se dit particulierement de certaines constitutions sur lesquelles sont établies des Maisons Religieuses, qu'on fait vœu d'observer quand on y entre » (Furetière). Il va de soi que Madame de Pringy élargit tout au long de son discours l'acception de « regle » comme étant celle qui « se dit en Morale d'une conduite juste & raisonnable, conforme à la Loy de Dieu & à celle du pays » (Furetière).

lisme[95] louable, certes, que la situation sociale d'une époque à la fois insouciante et souffrante appelait de tous ses vœux.

Après avoir généralisé les canons et la discipline de la « regle », la dévote Madame de Pringy se penche sommairement sur le « déréglement » des uns et des autres. Elle fait une nette distinction entre les hommes et les femmes. « Ce déréglement perd les uns [les hommes] par l'abondance, et les autres [les femmes] par l'avarice ». Aux hommes l'extravagance, le luxe, la dissipation des fortunes ; aux femmes la ladrerie et la petitesse. Une fois de plus, l'égalité des sexes est bafouée, puisque « Pour les femmes à qui l'esprit d'avarice est naturel, leur déréglement est bien different ». Elles deviennent mesquines et vicieuses, elles négligent la charité, elles perdent toute sensibilité : « Rien ne les touche, un malade mal soigné, un enfant mal vêtu, un valet mal paié et mal nourri, tous ces déréglemens n'ont point d'effet sur leur opinion ». Encore un peu on croirait que seules les femmes étaient responsables de la détérioration des vertus chrétiennes et de la ruine de l'État.

IX. Les Joüeuses

Au moment où Madame de Pringy prend les joueuses pour cible, la question du jeu, surtout parmi les femmes, avait déjà été abondamment commentée. En 1691, La Bruyère notait que les femmes « comptaient autrefois une semaine par les jours de jeu, de spectacle, de concert, de mascarade, ou d'un joli sermon : elles allaient le lundi perdre leur argent chez Ismène...[96] ». L'attrait du jeu existait depuis belle lurette, mais les vingt dernières années du siècle sont littéralement possédées par le démon du jeu. C'est en évoquant la transformation des mœurs de cette période qu'un historien a écrit que les femmes « jouent aussi un jeu effréné, et c'est un des traits singuliers de l'époque que de voir des dames du plus grand monde tenir chez elles

---

[95] Il y a gros à parier que Madame de Pringy fut une avide lectrice de Malebranche, particulièrement de son *Traité de Morale*, qui date de 1684, et où on lit : « L'amour de l'ordre n'est pas seulement la principale des vertus morales, c'est l'unique vertu, c'est la vertu mère, fondamentale, universelle ; vertu qui seule rend vertueuses les habitudes ou les dispositions de l'esprit. » (cité par Pierre Ducassé, dans *Malebranche*, 3e éd., Paris, P.U.F., 1968, p. 127).

[96] « Des Femmes », 43.

de véritables maisons de jeu avec la connivence du commissaire de quartier[97] ». La condamnation du jeu avait été un thème que les meilleurs prédicateurs de l'époque avaient vivement exploité, y compris Bossuet, comme dans le « IVe Sermon pour le Vendredi saint, prêché à la cour », avant 1669, où il terminait sa péroraison en parlant du bien mal acquis ou des injustices : « Je ne puis pas vous en faire le dénombrement : songez seulement à celles du jeu si fréquentes, si peu méditées, si peu réparées. Je tremble pour vous, quand je considère les avantages frauduleux que vous prenez et que vous donnez, les ruines qui s'en suivent, et le repos malheureux que je vois sur ce sujet dans les consciences[98] ». Trente ans plus tard, en 1695, dans une lettre à Madame d'Albert de Luynes, religieuse à l'abbaye de Jouarre[99], qui est sa correspondante régulière, il rappelait qu'« on blâme dans les jeux de hasard le hasard même, pour ne point parler de la perte du temps, de l'attache, des passions, de l'avarice, qui règnent dans ces jeux[100] ». Après Bossuet, c'est Bourdaloue qui dénoncera et condamnera « une des plus tyranniques et des plus criminelles passions », le jeu, dans son « Sermon sur les Divertissements du Monde[101] », sermon que Madame de Pringy a pu entendre et appré-

---

[97] Antoine Adam, « *Histoire de la Littérature...* », t. V, p. 10.

[98] Bossuet, *Œuvres complètes*, t. VIII, p. 798-799.

[99] Madame d'Albert de Luynes, deuxième fille de la première duchesse de Luynes, épouse de Louis-Charles Albert, duc de Luynes, et sœur cadette de Madame de Luynes. Toutes deux avaient été postulantes à Port-Royal, mais sur les conseils de Colbert elles quittèrent le monastère auquel elles restèrent toutefois attachées. Elles devinrent religieuses à l'abbaye de Jouarre, dans le diocèse de Meaux. Bossuet entretint une « tendre liaison spirituelle » avec la cadette. Toutes deux avaient fini par rétracter leur signature du Formulaire, et « renouèrent alliance avec leur berceau ». (Voir Sainte-Beuve, *Port-Royal*, t. II, p. 617)

[100] Bossuet, *Œuvres complètes*, t. XVII, Lettre CCXL, p. 459.

[101] Voir le *Sermon pour le troisième dimanche après Pâques*, dit le sermon « Sur les Divertissements du Monde », dans *Bourdaloue, op. cit.*, t. II, p. 129-133. Bourdaloue parle du jeu dans la société en général, mais réserve néanmoins quelques lignes aux femmes joueuses : « une femme qui se sent chargée elle-même jusqu'à ne pouvoir en quelque sort se supporter, ni supporter personne, dès qu'une partie du jeu vient à lui manquer ; qui n'a d'autre entretien que son jeu ; qui n'ayant pas, à l'entendre parler, assez de force pour soutenir quelques moments de réflexions sur les vérités du salut, trouve néanmoins assez de santé pour passer les nuits, dès qu'il est question de son jeu » (p. 130).

cier, compte tenu de la popularité du prédicateur auprès des dames[102]. Même l'autorité civile s'en était mêlée, Colbert et Seignelay ayant interdit en 1678 le jeu de la bassette[103] dans les académies[104] et chez les particuliers, interdiction répétée en 1681[105]. Vers la fin du siècle, la folie est devenue épidémie. En 1694, la même année des *Caracteres* de Madame de Pringy, Boileau parle des ravages du fléau dans sa *Satire X* ; les femmes y sont particulièrement visées : « C'est ainsi qu'une Femme en doux amusemens / Sçait du temps qui s'envôle employer les momens ; / C'est ainsi que souvent par une Forcenée, / Une triste famille à l'hospital traînée, / Voit ses biens en decret sur tous les murs écrits, / De sa déroute illustre effrayer tout Paris[106] ». En 1696, l'abbé de Bellegarde fait entendre le même cri d'alarme : « Quels desordres ne cause point dans une maison, une femme qui aime le jeu, et qui risque de grandes sommes ? La discorde, les chagrins domestiques, la ruine entiére des affaires, sont la suite inévitable de cette passion, qui devient enfin fureur et frenesie. Il est rare de voir les femmes guérir d'une grande passion ; il n'y a que la pauvreté et le délabrement de leurs affaires qui puissent les banir du jeu[107] ». Et lorsque Dufresny, sous l'anonymat, publie ses *Amusements sérieux et comiques* en 1699 (avec privilège de juillet 1698), il affiche une même indignation : « Non, jamais l'amour n'a causé tant de desordre parmi les femmes que la fureur du jeu. Comment peuvent-

[102] Les lettres de Madame de Sévigné témoignent à maintes reprises de l'engouement pour les sermons ou les oraisons funèbres de Bourdaloue, encore que l'épistolière ne s'exprime pas toujours sans sarcasme voilé. Madame de Pringy pour sa part devait admirer le sermonnaire puisqu'elle lui rendit hommage après sa mort : « Il était naturel, plein de feu et de bonté ; il suça la vertu avec le lait, et ne sortit de l'enfance que pour entrer dans les routes laborieuses du Christianisme » (cité par Sainte-Beuve, *Causeries du Lundi*, t. 9, p. 264).

[103] « Bassette. Jeu de cartes qui a été fort commun ces dernieres années, & qu'on a été obligé de deffendre, à cause qu'il était trop en vogue » (Furetière).

[104] « Academie, se dit abusement du berlan (« se dit aussi d'une Academie ou maison où on donne publiquement à joüer aux dez, ou aux cartes. Les Berlans sont deffendus par la Police »), ou des lieux publics où l'on reçoit toutes sortes de personnes à joüer aux dez & aux cartes, ou à d'autres jeux deffendus » (Furetière). Madame de Pringy y fait allusion.

[105] Voir Boileau, *Satires*, éd. Charles H. Boudhors, Paris, Les belles lettres, 1952, note, page 292.

[106] *Satire X*, v. 243-248.

[107] Abbé de Bellegarde, *op. cit.*, p. 399.

elles s'abandonner à une passion qui altère leur esprit, leur santé, leur beauté, qui altère... que sais-je, moi[108] ? ».

Il ressort donc de toute cette commotion que Madame de Pringy ne prêchait pas dans le désert, et que le démon du jeu avait particulièrement séduit les femmes de la société distinguée. L'analyse de la joueuse que propose Madame de Pringy est fondée sur le principe d'une *obsession* dont la femme joueuse ne peut guérir. La passion du jeu est une maladie du cœur et de l'âme, rongeant les fibres de la vertu chrétienne. Les « académies » où règne le jeu sont des « assemblées criminelles [qui] favorisent le demon de l'impureté autant que celui du blasphême. La fureur et la débauche s'y trouvent et parmi cette effroiable societé une honnête femme se pique de tenir sa place et se fait une reputation dans le monde d'être du nombre de celles qui joüent ». Ainsi, Madame de Pringy confronte les joueuses à la morale chrétienne la plus stricte, à l'instar des prédicateurs[109] de l'heure qui voyaient dans le jeu la malice du démon et la perte du salut. Enfin, le jeu auquel s'adonnent les femmes (disons, *certaines* femmes) ressemble à une dépendance indélébile, quel que soit l'effort que l'on fasse pour s'en débarrasser : « on cesse de joüer, on ne cesse pas d'aimer le jeu et ce fond d'injustice qui nous reste, se garde pour renouveller sa fureur à la premiere occasion qui se presente et pour nous arracher le peu que la providence nous renvoie ; on en voit qui se tourmentent et se donnent des peines infinies et tout le fruit de leur labeur est immolé sur une carte ». Le jeu est donc une dérive de l'être tout entier et une trahison de Dieu. Le meilleur sermonnaire d'une cour où domine Madame de Maintenon n'en aurait pas jugé autrement.

---

108 « Amusement dixième », dans *Moralistes du XVIIe siècle*, p. 1025. Cfr. le témoignage de la Princesse Palatine (Charlotte-Élisabeth de Bavière), en 1695 et 1699, cité dans *Ibidem*, p. 1262.

109 Rappelons ici le mot de Nicolas Boileau dans son « Au Lecteur », en tête de la *Satire X* : « J'espere donc que j'obtiendrai aisément ma grace et qu'elles [les femmes] ne seront pas plus choquées des predications que je fais contre leurs defauts dans cette Satire que les Predicateurs font tous les jours en chaire contre ces mesmes defauts. » (Boileau, *Œuvres complètes*, éd. Françoise Escal, Paris, Gallimard (La Pléiade), 1966, p. 63).

X. L'Occupation

"L'oisiveté est la mère de tous les vices », dit le proverbe, et c'est cette vérité populaire que Madame de Pringy brandit comme un glaive de Dieu. Il est vrai que l'oisiveté n'a jamais eu bonne presse[110]. Un philosophe dilettante comme Montaigne y consacra même un petit chapitre et constata que « Si on ne les [les esprits] occupe à certain sujet, qui les bride et contreigne, ils se jettent desreiglez, par-cy par là, dans le vague champ des imaginations, (...) Et n'est folie ny réverie [sottise], qu'ils ne produisent en cette agitation. » (*Essais*, Livre I, Chapitre VIII). Ayant même tenté de s'adonner à quelque oisiveté, Montaigne est contraint d'avouer qu'elle lui « enfante tant de chimeres et monstres fantasques les unes sur les autres, sans ordre, et sans propos, que pour en contempler à mon aise l'ineptie et l'estrangeté » (*Ib.*). Pour l'auteur des *Essais*, l'oisiveté est une embûche à l'épanouissement de l'esprit, sans que quelque corruption morale y soit rattachée. Plus de cent ans plus tard, La Bruyère, lui aussi, haussait le débat au niveau strictement intellectuel et opposait l'oisiveté au vrai plaisir de la liberté : « La liberté n'est pas oisiveté ; c'est un usage libre du temps, c'est le choix du travail et de l'exercice : être libre en un mot n'est pas ne rien faire, c'est être le seul arbitre de ce qu'on fait ou de ce qu'on ne fait point : quel bien en ce sens que la liberté[111] ! » (éd. 1692).

Tout autre fut évidemment le point de vue de l'Eglise, hérité des saint Jérôme ou des Tertullien, qui avaient vu dans l'oisiveté une source de péché et de concupiscence, plus spécialement chez les femmes. Lorsque Tertullien s'adresse à son épouse, il lui dit : « Les femmes qui aiment à parler, qui vivent dans l'oisiveté, qui sont sujettes au vin, et qui se laissent aller à une vaine curiosité, causent un tres-

---

[110] Furetière se fit le défenseur amusé de l'oisiveté des femmes en parlant de la laideur de Polymathie (allusion à Madeleine de Scudéry) : « Aussi n'est-il pas possible que les filles se puissent piquer en mesme temps de science et de beauté ; car la lecture et les veilles leur rendent les yeux batus, et elles ne peuvent conserver leur teint frais ou leur embonpoint si elles ne vivent dans la delicatesse et dans l'oysiveté » (*Le Roman bourgeois*, éd. A. Adam, Paris, Gallimard (La Pléiade), 1958, p. 989). Madame de Pringy penche plutôt du côté de Bourdaloue dont elle a sans aucun doute entendu le sermon *Sur l'Oisiveté*, prêché pour le dimanche de la septuagésime (Bourdaloue, op. cit., t. II, p. 77-88).

[111] « Des Jugements », 104.

grand préjudice aux veûves avec qui elles vivent ; car en parlant beaucoup, elles les engagent souvent en des discours qui sont contraires à la pudeur ; leur oisiveté les porte à se relâcher ; leur intemperance les fait tomber en plusieurs desordres considerables ; et leur curiosité les précipite presque toûjours dans l'impureté[112] ». Depuis lors l'opprobre de l'oisiveté moralement corruptrice, surtout chez les femmes, était devenu la rengaine des prédicateurs et des directeurs de conscience, comme il ressort, par exemple, de l'*Oraison funèbre d'Anne de Gonzague de Clèves*, prononcée par Bossuet le 9 août, 1685. Après avoir admiré la Princesse Palatine à la suite de sa conversion morale, il loue le fait que « chez elle on ne faisait que passer d'un exercice de piété à un autre », et que la princesse « savoit que, dans ce commerce sacré, tout consiste à s'humilier sous la main de Dieu ». C'est l'absence totale d'une oisiveté nocive qui assura le salut de la défunte, car « Par le travail on charmoit l'ennui, on ménageoit le temps, on guérissoit la langueur de la paresse et les pernicieuses rêveries de l'oisiveté[113] ». C'est précisément dans la perspective étroitement chrétienne du salut des âmes que l'on jugera des propos de Madame de Pringy. Avec une dévotion onctueuse, sinon dérangeante, elle renchérit sur la prédication courante de son entourage. Et sous l'enseigne de l'oisiveté spirituelle, elle redouble ses attaques contre les « coquettes », les « bigotes », les « spirituelles », les « économes » et les « Joüeuses ». L'oisiveté doit être combattue par un élan perpétuel vers Dieu, par l'action du corps et du cœur, animée par la volonté providentielle : « qu'on ne voie jamais une femme Chrétienne dégagée de soins. La providence lui a imposé un perpetuel travail aussi bien qu'aux hommes, en lui laissant celui de son salut : il lui faut pour le remplir une vigilance zelée qui la retire du funeste repos de l'amour propre ». On remarquera également en passant jusqu'à quel point la dévotion exaltée de Madame de Pringy atteint des sommets rarement atteints. Il y a cette fois dans son propos un lyrisme délirant, traduit, à défaut d'envolées métaphoriques, par une succession haletante d'interrogations oratoires. La parole n'est plus sereine. Elle devient un appel vibrant à l'ascèse agissante : « C'est pourquoi point de divertissement, point de repos, que la priere

---

[112] Tertullien, *À son Épouse*, éd. Charles Munier, Paris, Éd. du Cerf, 1980, Livre I, VIII, 4.

[113] Bossuet, *Œuvres complètes*, t. XI, p. 100-101.

commence et finisse le jour, il ne s'agit pas seulement de travailler, il faut travailler pour Dieu ». La finalité de la femme, selon Madame de Pringy, est de tendre à la sainteté.

XI. Les plaideuses

Le goût de la plaidoirie et des tracasseries de procès ne date certes pas de la fin du siècle. Molière en parle à plusieurs reprises dans son œuvre, et plus particulièrement dans *Le Misanthrope*, où la question du procès fait partie intégrante de la trame dramatique. Furetière y consacre un récit édifiant dans son *Roman bourgeois*, en 1666, et Racine s'en amuse avec *Les Plaideurs* en 1668. On cite même un exemple de 1645, rapporté par un intendant normand au chancelier Séguier, d'où il ressort qu'une certaine Mlle de Tourlaville, originaire du Cotentin, s'était spécialisée dans la ruine des patrimoines, ayant été mêlée à une multitude de procès « contre ses frères, d'autres contre des particuliers », à tel point que l'on voyait en elle « une peste qui ruinera le pays[114] ».

Il semblerait pourtant que le type hargneux et pernicieux de la plaideuse « de profession » soit devenu plus reconnaissable, sinon même plus détesté, à mesure que l'émancipation féminine s'est imposée avec plus d'arrogance dans les milieux nantis, nobiliaires ou bourgeois, au cours du dernier quart du siècle. Il s'agirait en fin de compte d'un véritable phénomène de société. On remarque en effet que la plaideuse est assaillie de toutes parts durant les années quatre-vingt-dix. Au même moment où Madame de Pringy publie ses *Caracteres*,

---

[114] Dans *Lettres et Mémoires adressés au Chancelier Séguier*, cité dans Wendy Gibson, *Women in Seventeenth-Century France*, Houndsmills, Basingstoke, Hampshire, Macmillan, 1989, p. 203. L'étude de W. Gibson est un des meilleurs ouvrages que nous connaissions sur la condition de la femme française au XVIIe siècle.

Nicolas Boileau offre à son public la *Satire X*[115], avec un portrait féroce de la « plaideuse » :

> Des Arbitres, dis-tu, pourront nous accorder.
> – Des Arbitres... Tu crois l'empescher de plaider ?
> Sur ton chagrin déja contente d'elle-mesme,
> Ce n'est point tous ses droits, c'est le procez qu'elle aime.
> Pour elle un bout d'arpent qu'il faudra disputer,
> Vaut mieux qu'un fief entier acquis sans contester.
> Avec elle il n'est point de droit qui s'éclaircisse,
> Point de procez si vieux qui ne se rajeunisse,
> Et sur l'art de former un nouvel embarras,
> Devant elle Rolet[116] mettroit pavillon bas.
> Croy-moi, pour la fléchir trouve enfin quelque voye :
> Ou je ne répons pas dans peu qu'on ne te voye
> Sous le faix des procez abbatu, consterné,
> Triste, à pié, sans Laquais, maigre, sec, ruiné,
> Vingt fois dans ton malheur resolu de te pendre,
> Et, pour comble de maux, reduit à la reprendre. (v.723-738)

---

[115] La *Satire X*, dite « contre les femmes », aurait été ébauchée en 1674, reprise deux ans plus tard, remise dans un tiroir jusqu'en 1692, puis réclamée par Jean Racine en 1692 dans une lettre à Boileau datée du 3 octobre (« Je m'attends qu'à mon retour je trouverai votre *Satire des femmes* entièrement achevée » [*Œuvres de J. Racine*, éd. Paul Mesnard, Paris, Hachette, 1870, t. VII, p. 59]). Boileau y retravailla, et la publia enfin en 1694. Il y a fort à parier que le passage consacré aux « plaideuses » appartient aux derniers mois de la composition, car il constitue en fait le dernier portrait de la *Satire X*. Voir *Œuvres complètes de Boileau*, éd. F. Escal, p. 926.

[116] Dans une note pour la *Satire I*, dans *Œuvres en vers de Mr Boileau Despréaux, avec des eclaircissemens historiques donnez par lui-même*, 4 t., Amsterdam, Freres C et R. Westein, 1717, on lit : « Charles Rolet, Procureur au Parlement, étoit fort décrié, et on l'appeloit communément au Palais, *l'ame damnée*. Monsieur le Premier President de Lamoignon emploïoit le nom de Rolet, pour signifier un fripon insigne : C'est un Rolet, disoit-il ordinairement. On peut voir le caractère de ce Procureur, sous le nom de Vollichon, dans *Le roman bourgeois* de Furetière (voir *Romanciers du XVIIe siècle*, p. 912). « Il avoit été souvent noté en justice ; mais enfin ayant été convaincu d'avoir fait revivre une obligation de cinq cens livres, dont il avoit déjà reçu le païement ; Il fut condamné par Arrêt, au bannissement pour neuf ans, en 4000. livres de réparation civile, et diverses amendes, & au dépens » (d'après Brossette, après une note de l'éd. 1713. Voir Charles Boudhors, *Satires*, p. 194 et Boileau, *Œuvres complètes*, éd. F. Escal, p. 877, note 11.

Deux ans plus tard l'abbé de Bellegarde suit le mouvement avec de belles envolées phallocrates, et brosse un tableau impitoyable, non seulement des femmes « plaideuses », mais des femmes en général :

> Le temperament des femmes devroit les éloigner des Procès : leur indolence, leur paresse naturelle, l'amour des divertissemens et des plaisirs, le soin de leurs ajustemens et de leur beauté : mais quand elles y sont embarquées, elles ont d'autres qualitez qui les y retiennent. Elles sont plus indociles que les hommes, plus entêtées, plus interessées, plus opiniâtres ; elles entendent moins raison. L'orgueil, le dépit, la honte de ceder leur fait continuer une plaidoirie, où leur interêt n'a plus de part ; elles veulent contenter leur vanité ou leur vangeance : Rien n'est plus à plaindre qu'une femme qui fait les rafinemens de la chicane, par un long usage du Barreau. Il se fait alors une révolution dans son temperament ; l'agitation des affaires lui tient lieu de promenades, de plaisirs, d'intrigues : Les femmes ne sont pas naturellement ennemies des disputes, des querelles, des brouilleries du divorce ; ainsi le tumulte des procès leur devient dans la suite une occupation agréable, parce qu'elle nourrit le penchant qu'elles ont à quereller, à haïr, à médire, et que c'est une source inépuisable de plaintes, de reproches, d'invectives. Elles y trouvent même de quoi satisfaire des passions plus chéres et plus délicates[117].

En fait, la plus grande visibilité sociale des femmes, quelles que soient leur cause ou leur activité, frivoles ou spécieuses, en fit des cibles de choix pour ceux et pour celles qui s'accrochaient encore à l'ancienne caractérologie de la femme. La *Satire X* de Boileau, contre les femmes, n'est pas seulement le testament bougon d'un vieux célibataire ; après tout, Juvénal en avait fait de même dans sa *Satire VI*, ainsi que Villon, Saint-Gelais, Marot, Rabelais, Boccace, l'Arioste, Molière et La Fontaine, auteur malicieux de *Contes* égrillards et passablement machistes. La *Satire X* de Boileau relève d'une tradition que Montaigne même n'aurait pas démentie. D'ailleurs, Boileau regrette sa propre solitude (v. 92) et concède que « L'Hymenée est un joug, et c'est ce qui m'en plaist » (v. 112). Au delà toutefois de cette tradition littéraire que les Montherlant d'aujourd'hui ne dédaignent pas, l'accumulation des portraits, voire la longueur même de la *Satire X*,

---

[117] *Op. cit.*, p. 401-402.

longue de 738 vers, trahit un malaise devant la mainmise extravagante des femmes sur les forces vives de la société. Elles entraînent les nigauds à l'opéra, elles minaudent et font fondre les cœurs à coups de coquetterie, elles jouent effrontément ou elles se transforment en fesse-mathieux, elles feignent la maladie pour mieux recevoir leurs amants, elles se piquent de science ou cajolent les mauvais auteurs, elles sont bigotes ou libertines, elles boivent, elles fument. Boileau et ses contemporains assistaient, impuissants, à une flambée féministe entretenue par le souffle puissant des Modernes. Il fallait sonner l'alarme, même si c'était peine perdue. Madame de Pringy appartient à cette dernière barricade de défense, futile comme une ligne Maginot. En tant que femme elle aperçoit surtout les ravages de la vanité et de l'amour-propre. En tant que dévote, ou bigote (?), elle s'inquiète du salut des âmes : « l'ame n'est point regardée. C'est le plus oublié que le point du salut sur l'article d'un procès, sur tout aux femmes qui prévenües par l'envie, animées par l'interêt et fortifiées par la haine, ne démordent point de leurs sentimens ». Profondément marquée par son éducation religieuse, port-royaliste ou saint-cyrienne[118], qui sait ?, Madame de Pringy est incapable de séparer la vie dans le monde de la vie spirituelle ; incapable aussi de proposer un compromis entre ce que l'on doit à Dieu et ce que l'on doit à César. Il est donc entendu que « Si une femme Chrétienne examinoit les engagemens funestes où ses soins la conduisent, elle ne plaideroit pas avec tant de facilité, la perte du tems, l'éloignement de Dieu, l'oubly de soi-même, mille autres motifs retiendroient sa vivacité interessée et crainte de perdre son ame, elle ne la risqueroit pas pour conserver son bien ». Quant au triste constat de la psyché féminine en des temps bouleversés, elle ne détecte chez les femmes que le seul plaisir de s'exhiber et de se divertir à n'importe quel prix : « quelquefois même sa prévention lui fait continuer des procés où son interest n'a plus de part et elle plaide moins pour gagner que pour paroistre et pour contenter sa vanité », car, dit-elle, « Le trouble des affaires leur sert d'occupation et ce qui les applique d'abord, les divertit dans la suite ». L'intransigeance, une fois de plus, est entière.

---

[118] Compte tenu de la date d'inauguration de Saint-Cyr, il serait plus juste de mentionner la communauté de Noisy, transférée à Saint-Cyr en 1686.

XII. La Paix

Le dernier chapitre consacré aux *Differens Caracteres des femmes du siècle* se penche brièvement sur la notion du « repos »[119] au XVIIe siècle. Les études à ce sujet ont tôt fait de reconnaître la double valeur de « repos », à la fois religieuse et morale[120]. Sous la dévote plume de Madame de Pringy, la notion de « repos » penche évidemment du côté de la spiritualité, dans le sens où l'entendait Bourdaloue quand il disait qu' « il est impossible de désirer beaucoup de choses sans perdre le repos, qui vaut mieux que tout ce que l'on désire » (*Pensées*). Avant Bourdaloue toutefois, Madame de Pringy a pu se nourrir des jolies pages de *L'Imitation de Jésus-Christ* de Pierre Corneille, publiée d'abord sous une forme inachevée en 1651, complétée en 1656 et republiée en 1670. C'est là qu'elle aurait pu lire les quelques extraits que voici :

> C'est vous, simples, c'est vous dont l'heureuse prudence
> Du vrai repos d'esprit possède l'abondance, (I, XI)
>
> Tache d'être le moindre et le Sujet de tous,
> Ou ce repos d'esprit qui te semble si doux
> Ne sera guère en ta puissance. (I, XVII)
>
> Si nous pouvions bien rompre avec le Monde et vous,
> Que par cette sainte rupture,
> L'âme se verrait libre et pure,
> Et se conserverait un repos long et doux. (I, XX)

---

[119] Nous reprenons quelques-unes de nos réflexions sur la notion du « repos » dans *La Princesse de Clèves*, dans nos *Études sur la littérature féminine au XVII siècle*, Birmingham, Summa Publications, 1990, p. 114-118.

[120] Après avoir rappelé que le « repos » « prenait tout son sens dans la pespective d'une expérience spirituelle », Simone Fraisse remarque qu'il « reste [aussi] « une valeur morale » (« Le Repos de Madame de Clèves », dans *Esprit*, nov. 1961, p. 565). Domna Stanton pour sa part a étudié en profondeur « The Ideal of repos in Seventeenth Century French Literature » (*L'Esprit créateur*, 1975), et constate, elle aussi, que « In the Bible, as in the earliest periods of French Literature, the meaning of *repos* is both serious and superficial, sacred and profane » (p. 84). Enfin, Marie-Odile Sweetser a relevé les nombreuses interpétations dont le « repos » a été l'objet (p. 27) dans un article publié en 1974 dans *Studi Francesi*.

C'est au Ciel, c'est en Dieu qu'il te faut habiter,
C'est là, c'est en lui seul qu'un vrai repos se fonde,
Et quoi qu'étale ici le Monde
Ce n'est qu'avec dédain que l'œil s'y doit prêter. (II, I)

Par ailleurs les *Pensées* de Pascal avaient connu une édition dite de Port-Royal, en 1670. On y lisait que « le bonheur n'est en effet que dans le repos, et non pas dans le tumulte[121] », vérité chrétienne que Madame de Pringy reprend pour son compte lorsqu'elle écrit : « Quelle foiblesse dans le trouble d'une vie tumultueuse, pleine de soins que l'esprit embrasse avidement, s'imaginer trouver cette paix heureuse qui n'est autre qu'un don de Dieu ». L'esprit que l'on qualifie de pascalien, mais qui est partout présent dans des ouvrages de spiritualité au XVIIe siècle[122], a pénétré ces dernières pages des *Caracteres*. Ainsi, lorsque Pascal écrit dans ses *Fragments divers* que « rien ne donne le repos que la recherche de la vérité[123] », il exprime bien une conception toute sprituelle de la « paix » ou du « repos », adoptée aussi par Madame de Pringy. « Et pour joüir d'une paix veritable, il faut veritablement la chercher et la chercher dans la verité », écrit-elle. Il ne s'agit donc plus ici d'une réflexion sur la psychologie humaine que sous-tend la recherche du « repos », source de bonheur, mais d'une méditation spirituelle sur la voie tracée du salut éternel.

---

[121] Pascal, *Œuvres complètes*, « Pensées », éd. Jacques Chevalier, p. 1141.

[122] Ce sont les leçons de François de Sales, qui nourrissent la spiritualité du « repos », recueillies surtout dans son *Traité de l'Amour de Dieu*, publié en 1616, puis réédité plusieurs fois dans les *Œuvres complètes* (1637, 1641, 1647, 1652, 1663, 1669, 1672, 1685), et où François de Sales consacre quatre chapitres (Livre sixième, VIII, IX, X, XI) au « repos » de l'âme en Dieu : « Neanmoins l'âme qui est en ce doux repos jouit de ce délicat sentiment de la présence divine, quoiqu'elle ne s'aperçoive pas de cette jouissance, témoigne toutefois clairement combien ce bonheur lui est précieux et aimable, quand on le lui veut ôter ou que quelque chose l'en détourne » (*Œuvres*, L. VI, Ch. VIII, p. 633). Lorsque Girard de Villethierry s'adresse aux vierges chrétiennes en 1693, il se fait l'écho de cette spiritualité du « repos » : « C'est pourquoi, écrit-il, tous les saints Peres de l'Eglise qui ont parlé des Vierges Chrétiennes, et qui les ont instruites, leur ont toujours représenté qu'elles étoient obligées de se séparer du trouble et de l'embarras du siecle, d'aimer la solitude, et de chercher un saint repos, afin de s'occuper des choses du Seigneur et de vaquer en paix à leur salut » (*La Vie des Vierges*, Chapitre XV, p. 165).

[123] *Œuvres complètes*, p. 1062.

On serait tenté de croire que la « paix », ou le « repos » que recommande Madame de Pringy s'apparentent dangereusement à l'hérésie quiétiste. C'est en effet à la même époque que les éblouissements mystiques de Madame Guyon firent des ravages dans les rangs des saint-cyriennes, ou dans le cœur d'un évêque à la fois naïf et complaisant, l'aimable Fénelon[124]. La doctrine molinosiste[125], que Madame Guyon avait adaptée à son tempérament propre, avait ramené la spiritualité chrétienne à sa forme la plus épurée : passivité absolue et contemplation dans le total repos de l'esprit. Rien de cette passivité, voire de cette mollesse spirituelle, ne transpire dans l'interprétation du « repos » par Madame de Pringy. Au contraire. « Voilà en quoi consiste la paix dans une vertu raisonnable, écrit-elle, ou dans une raison vertueuse qui comprend une volonté droite et un jugement sain, un cœur solidement attaché à ses devoirs, un esprit fortement convaincu de la vérité et qui la voit, la suit et l'aime par tout ». La spiritualité de Madame de Pringy est toute en volonté, en action, en énergie pieuse. Bref, elle est foncièrement du côté des Jésuites. Jamais autant que dans ces dernières pages des *Caracteres*, l'influence de la prédication, et plus particulièrement de la prédication de Bourdaloue, sera si vivement ressentie.

---

[124] La correspondance entre Mme Guyon et Fénelon témoigne abondamment de l'influence de Mme Guyon sur le prélat. On y lit, par exemple : « Vous voyez bien, qu'afin que Dieu agisse puissamment, et que l'âme se laisse conduire nûment, il faut une extrême souplesse, pour perdre toute conduite de la raison. Comptez donc, s'il vous plaît, qu'il faut vous accoutumer à marcher, non par la conduite de votre raison, mais par la volonté de Dieu, qui doit donner la pente à tout » (Voir la remarquable étude de Maurice Masson, *Fénelon et Mme Guyon*, Paris, Hachette, 1907, p. 109).

[125] Michel Molinos, jésuite espagnol, né en 1628, auteur de *la Guide spirituelle* (1675) où est exposée la théorie extrémiste du quiétisme. Arrêté en 1685, le Père Molinos fut condamné par Innocent XI, et passa les neuf dernières années de sa vie en prison. Voir Daniel-Rops, *L'Église des temps classiques*, Paris, Arthème Fayard, 1958, I, p. 429-432.

TEXTE

Les differens caracteres des femmes du siecle

Contenant six Caracteres et six Perfections.

A

T.H.E.T.P.[1]

PRINCESSE

MADAME D'ORLÉANS[2],

DUCHESSE DE NEMOURS.

MADAME,

Je suis bien-heureuse de commencer à marquer à Vôtre Altesse mon profond respect, en publiant que vous êtes digne de celui de tout le monde, et je ne scaurois trop m'aplaudir d'avoir trouvé l'occasion de vous apprendre en public la vénération que j'ai toujours eue en particulier pour V.A. L'Ouvrage que j'ai l'honneur de vous présenter, m'a mis dans l'agréable nécessité de vous mettre à la tête de mon

---

[1] Ces cinq initiales sont écrites en toutes lettres et se retrouvent en tête de la « Seconde Edition augmentée » de 1699, adressée à « Tres-Haute et Tres-Puissante Princesse Madame Marie d'Orléans, Duchesse de Nemours ».

[2] Marie d'Orléans, duchesse de Nemours (1625-1707), fille du duc de Longueville et de Louise de Bourbon-Soissons. En 1657 elle épousa Henri II de Savoie (1625-1659), duc de Nemours. Elle fut l'auteur de *Mémoires*, et reconnue en 1699 comme souveraine de la principauté de Neuchâtel.

Livre. Ayant fait une censure des femmes du siécle, et donné les moyens de se rendre parfaites, il me restoit de proposer un modèle achevé des vertus que je conseille, et je ne pouvois faire un choix plus digne de l'imitation de toutes les personnes élevées. C'est en vous[3], Madame, qu'il est permis de passer sous silence de merveilleuses qualitez (où l'on se fixe dans toutes les autres[4], et d'oublier un moment ce sang Auguste qui a coulé depuis plusieurs siécles par tant d'illustres Canaux pour arriver jusqu'à vous) pour s'arréter et pour publier ces nobles qualitez de l'ame et de l'esprit, qui vous ont toujours distinguée avec autant de droit, que les justes titres d'être une des plus grandes Princesses du monde. Je craindrois cependant, Madame, en parlant de vos vertus, que vôtre modestie ne s'allarma(st) contre la vérité, et que vous me fissiez le[5] juste reproche d'en avoir trop peu dit, par rapport à ce qui en est, et trop dit par rapport à ce que vous voulez qu'on en die.

Dans cette consideration je modére mon zéle, crainte d'affoiblir vôtre gloire, et j'admirerai par mon silence plus de vertus en vous seule, que l'on en publie de tout le monde ensemble[6]. Que vous estes heureuse, MADAME, d'être un modéle si parfait dans un temps où la vertu abandonne le cœur dans l'oubly[7] ? Et qu'il vous est glorieux de montrer un tissu de jours sans reproche et sans blâme ? Vous avez uni le parfait mérite à la solide vertu, et vous avez trouvé ce caractere de perfection si rare aujourd'hui, de pouvoir être loüée sans flaterie, et aimée sans interét. Vous êtes un prodige, où l'on ne peut atteindre, je l'avoüe. Ce n'est aussi que pour vous suivre que je propose aux femmes Illustres, Vôtre Altesse, comme un exemple de ce qu'il y a de

---

[3] Var. ... C'est à vostre égard, Madame...

[4] Var. ... où l'on se fixe dans tous les autres. Je puis oublier ce sang Auguste, qui a passé depuis plusieurs siecles par tant d'illustres Canaux pour arriver jusqu'à vous, afin de ne publier que les nobles qualitez de l'ame & de l'esprit, qui vous ont toûjours distinguée comme une des plus grandes Princesses du monde.

[5] Var. ... un juste reproche d'en avoir trop dit par rapport à ce que vous voulez qu'on en dise, quoy-que j'en dise trop peu par rapport à ce qui en est.

[6] Var. ... Dans cette veue, je ne dis rien des loüanges, que mon zele pour vôtre gloire m'inspire, & je me contente d'admirer dans un respectueux silence les vertus, qui éclatent plus avantageusement en vous seule, que dans tout le monde ensemble.

[7] Var. ... le cœur, pour se cacher dans l'oubly !

plus grand, de plus merveilleux, et de plus digne de leur aplication, et du profond respect avec lequel je suis,

MADAME,

De vôtre Altesse,

L. Tres humb. et très-obéis. serv. D.P.[8]

PREFACE[9]

Mon dessein étant de concourir à la perfection de celles dont je décris les veritables Caracteres, j'ai crû les dédomager de la peine qu'elles auront à se reconnoître dans un Portrait qui leur ressemble, par les moyens que je leur donne de corriger leurs défauts. C'est pourquoi je me suis promis des *Coquettes* un aveu de leurs desordres : Des *Bigotes* un dessein de se reformer : Des *Spirituelles* un desir de s'instruire : Des *Economes* une genereuse reflexion[10] : Des *Joüeuses* quelques momens à[11] lire cet Ouvrage, et des *Plaideuses* un jour de repos.

J'espere que ces premieres démarches leur feront sentir le plaisir de la perfection, les éloigneront de l'Amour propre que je dépeins, et leur donneront le goût pour la sagesse.

Si je peux inspirer à chaque état le juste sentiment de se blâmer, je serai contente ; parce que c'est la voye la plus assurée de la correction que de sçavoir qu'on ne fait pas ce qu'on doit faire : Et je voudrois que toutes les femmes que je censure par ma description,

---

[8] Var. ... De Pringy.

[9] On notera ensuite que la Table des Matieres est divisée en deux parties : la première partie contient les « caracteres » et les « perfections » ; la seconde traite de « l'amour propre ». Chaque chapitre, douze en tout dans la première partie, est suivi de son antithèse : on voit que les « coquettes » sont suivies d'un chapitre sur la « modestie », les « bigotes » d'un chapitre consacré à la « pieté », etc.

Le Privilege du Roy date du 3 septembre 1693, et est suivi d'une liste de LIVRES NOUVEAUX, chez la dite veuve Coignard.

[10] Var. ... sur leur conduite :

[11] Var. ... pour lire...

m'aprouvassent par une métamorphose de mœurs[12], ou du moins que j'en fis autant de sages que j'en ferai de critiques.

Pour celles qui se disculpent des six Caracteres que je blasme, je ne crois pas qu'elles soient fachées de se rencontrer dans les six perfections que je décris. Mon Ouvrage ne condamne les défauts des autres que pour mieux faire leur éloge. Et c'est un portrait des vertus qu'elles ont que celui que je fais de celles qu'on doit avoir. C'est pourquoi en faisant connoître le mérite caché des unes, je découvre les défauts ordinaires des autres.

Aussi j'espére qu'elles me pardonneront d'avoir parlé imparfaitement de la perfection, dont elles connoissent mieux que moi le mérite et l'étenduë ; puisque leur exemple sçait persuader la vertu, mieux que ne pourroit faire l'éloquence des plus beaux écrits du monde.

I. Le caractere des coquettes

La galanterie est un goût du monde et des plaisirs en général, et cet esprit de bagatelle naît avec le sexe. Son temperament contribuë à ce caractere, et l'éducation qu'il reçoit acheve de le confirmer, et le rend tout occupé du rien qui le remplit. La civilité le polit, et c'est la meilleure maîtresse qu'on lui donne ; mais les soins que l'art prend de sa perfection gâte le beau sexe. Une fille à peine commence-t'elle à parler qu'on lui apprend de jolies choses et non pas d'utiles, ses premieres démarches sont pour la dance, et sans s'embarrasser d'en faire une femme forte, on en veut faire une fille aimable, et on ne lui montre qu'à plaire sans songer à lui apprendre à vivre.

On s'étonne aujourd'hui de la coquetterie des femmes, que veut-on qu'elles soient en les élevant comme l'on fait ? Leur disposition naturelle les porte à la douceur et aux choses agréables. La beauté leur inspire un amour propre qui leur fait mener une vie molle et sans action : et au lieu de rompre le cours à ce penchant effeminé, on leur fournit encore des moyens pour en fortifier l'habitude et pour s'y plaire davantage. Je parle des mieux élevées, je laisse là celles du commun peuple, et toutes celles qui ne connoissent la galanterie que sous le nom de la débauche, je parle aux personnes distinguées.

---

[12] Var. ... que je censure, m'approuvassent par un changement de mœurs,...

Une fille ne connoît sa religion que par son Cathechisme, les sciences que par le nom, et toutes les bonnes choses qu'en idées. Elle sçait la musique dans toutes ses proportions, pendant qu'elle ignore la verité dans toutes ses circonstances. Elle joüera toutes sortes de jeux et ne lit aucun livre que ceux qui sont plus capables de la gâter que de l'instruire. Quelle est la suite de ce premier desordre ? Une aversion pour les bonnes choses, faute de les connoître, un éloignement pour les choses élevées faute de les sçavoir, et un esprit d'envie et de mépris que donne l'ignorance, qui fait qu'une femme ne s'occupant que de ce qu'elle est, et de ce qu'elle sçait, donne son temps au soin de plaire, et son éloge à ses maximes. Voilà la suite d'une jeunesse mal employée, qui n'a eu d'instruction que celle qu'il faloit pour s'aimer davantage et se connoître moins. Elle se fait un plan de perfection au goût de l'amour propre et selon l'usage du temps : sur ce modéle elle régle sa conduite et ses actions et le fruit de ce beau dessein est un desordre universel.

On imprime la bagatelle ci avant dans l'esprit des femmes, que pour l'effacer il faut un coup surnaturel. Un bon dessein fait qu'on les prive des sciences élevées, et un mauvais effet suit ce bon dessein. Pour leur faire éviter l'orgüeil des demy savants, on les fait tomber dans l'ignorance des vrais superbes ; car elles estiment que de sçavoir le monde est pour elle un talent aussi élevé que toute l'érudition des hommes, et qu'à proportion des états, la perfection du leur est remplie quand tous les moyens de plaire leur sont connus. Voilà ce qui fait aujourd'hui leur dangereuse application. Une femme lit pour sçavoir les intrigues des autres et pour régler les siennes : elle se pare non pas pour plaire mieux, mais pour plaire davantage ; car leur dessein n'est pas de se faire un inviolable attachement, mais d'en faire plusieurs ; aimant beaucoup mieux le nombre des amans, que la force de l'amour.

Elles étudient leurs regards et leur attitude, la plus tendre est la préferée, elles observent leurs beautez pour les employer avec art. Elles ajoûtent souvent avec dessein ce que la nature leur a refusé avec raison ; Enfin elle font une étude de leurs charmes pour parvenir à être aimées, et l'étenduë du dessein qui les anime est si vaste que dès qu'elles plaisent à un objet elles voudroient plaire à un autre, et leurs charmes cessent avant que leur cœur ait cessé son desir.

C'est une chose inouye que l'occupation des Coquettes, elles sont oisives quoi qu'elles agissent toujours : depuis le matin jusques au soir elles pensent à ceux qu'elles aiment, elles parlent à ceux qu'elles voyent, elles caréssent un petit chien ou font quelqu'autre bagatelle semblable, et cette inutilité les réjoüit par simplicité ; car le moyen de penser par passion, de parler par habitude, d'agir par contenance, et d'être contente de soy-même ? Ce ne peut être que par ignorance et par aveuglement qu'elles ménent une vie blâmable dont elles sont satisfaites.

Leur conduite n'en demeure pas là, cette oisivité générale les ennuye, et ne la quittant pas pour une serieuse et salutaire occupation dont elles ne connoissent pas l'usage, elles se portent à des desirs déréglez et à des entreprises criminelles et dangereuses : les affections du cœur leur servent de régle, elles employent les puissances de leur esprit pour les satisfaire, et sans écouter le devoir et la raison : elles ne s'étudient qu'à contenter la passion dominante, et à rendre l'esprit l'instrument des déreglemens du cœur. Comme elles n'ont pas moins de lumiére que les hommes, mais qu'elles n'en font pas une juste application, l'esprit ne leur sert qu'à les rendre plus coupables et non pas plus parfaites, et une Coquette éclairée plaît beaucoup plus, trompe bien mieux et ne vaut pas davantage ; car l'esprit est dangereux lors que l'on change son usage naturel, et que laissant les bonnes et les grandes choses qu'il est capable de connoître, on l'employe à des choses vicieuses qui le gâtent.Voilà cependant ce que font la plupart des femmes, la vivacité les rend plus inconstantes ; la solidité plus malignes, la pénétration plus satyrique, et tous ses défauts plus superbes et plus dignes du mépris qu'elles obtiennent pour salaire de leur mérite imaginaire. On les estime autant qu'elles aiment, pour un moment. La beauté nous arrête, l'esprit nous fixe et les défauts nous chassent. Mille agrémens les font chercher, mille raisons les font fuyr. La volupté fait qu'on y retourne, et la sagesse fait qu'on n'y reste pas et qu'on leur parle toujours avec plus de flaterie que d'attachement.

Il n'est point d'extremité où une Coquette ne se porte. La prodigalité de toutes ses dépenses, et l'avarice dans toutes ses épargnes ; car la vertu étant bien loin de chez elle, la juste médiocrité ne s'y trouve jamais ; si elle aime, quoi que cela ne dure guére, c'est pourtant jusqu'à la fureur ; si elle hait cela dure davantage et toujours jusqu'à la vengeance ; si elle souhaite, son desir est insatiable ; si elle craint, son aprehension est sans borne, et l'assemblage de toutes ces qualitez affreuses n'empéche point qu'elle ne plaise et que ses soins, ses manieres, sa beauté ne séduisent les hommes et ne les rendent esclaves de ce faux mérite ; mais en revanche une femme paie bien cher la Loy qu'elle impose, et comme l'amour qu'elle inspire est interessé, aussi bien que sa cause, le fruit de ce commerce est la ruine de la fortune d'un homme et de l'honneur d'une femme. Il arrive souvent que comme elle ne l'a pas rendu plus heureux, il ne l'a pas fait[e] plus riche et que tous les deux chagrins de s'être connus ne partagent entr'eux que le répentir qui est la suite d'un amour volage et criminel. Franchement si les femmes galantes examinoient leur conduite avec un peu de raison, elles ne se plaindroient pas de leur malheur et se corrigeroient de leurs défauts, et quoi que leur penchant, leur éducation et leur habitude, leur eût [sic] rendu le changement comme impossible, le goût du bien leur viendroit, la religion et l'honneur ne seroient pas sans effet, la joye d'être estimées succederoit au plaisir de plaire. Car la vertu est honorée par tout où on la rencontre, soit que la sagesse l'ait conservée, ou que la raison l'ait rendüe, et elles obtiendroient avec justice l'estime respectueuse qu'on leur refuse. Pendant qu'un avis les conseille, la Modestie pourra les instruire, si elles ont bonne volonté.

II. La Modestie

Comme il est des devoirs de religion, il en est que l'honneur nous impose, et c'est de ceux-là[13] dont la modestie nous donne des leçons ; elle veut que la bienséance accompagne toutes les actions d'une femme, qu'elle naisse avec la pudeur[14], qu'elle vive avec la crainte, et qu'elle meure avec la sagesse, que son premier âge soit innocent, que le second soit pur, et que sa conduite finisse avec une heureuse et loüable simplicité.

La modestie n'est point trop severe, ce qu'elle prescrit est juste et naturel, elle ne veut que l'ordre et la perfection, et quiconque la méprise, s'éloigne de la vertu et de l'honneur. Quand une femme à qui le monde touche le cœur, abandonne les régles de la modestie où l'honneur est en assurance, elle connoît bien-tôt par effet le danger où

---

[13] Var. ... ceux-cy...

[14] Var. ... femme, que comme elle naît avec la pudeur, elle vive...

l'a conduit sa negligence, et son meilleur party est de rentrer avec promtitude dans la voye que son penchant lui a fait quitter.

Il est d'heureuses inclinations qui nous font remplir nos devoirs sans peine ; mais ce naturel excellent est plus rare que les autres, et l'on trouve peu de ces ames où le bien s'imprime sans soin, et qui vont à la vertu sans guide.

C'est à celle à qui la foiblesse, le penchant, et l'occasion paroissent des obstacles invincibles, à qui la modestie marque des régles qu'il faut qu'elle suive. Elle veut qu'un exterieur modeste par habitude, abaisse ces mouvemens du cœur dérangé par amour propre, qu'un mauvais exemple pique et ne touche pas, que la beauté orne sans flatter, que la joye ne paroisse jamais sans retenüe, et qu'il soit plus aisé de nous instruire que de nous plaire ; Car une femme de qui le devoir fait l'étude, songe bien moins à ce qu'elle vaut, qu'aux moyens de valoir beaucoup, et comme le desir d'aprendre l'occupe, l'idée de sçavoir ne la prévient pas, et elle croit plus aisément faire une faute digne de blâme, qu'une action digne de loüange. C'est cette heureuse application que donne[nt] la crainte et le desir tout ensemble, à quoi une femme doit se donner toute entiere. Le penchant qu'elle aurait encore pour la bagatelle cesse bientôt quand le goût des bonnes choses se presente, et la difficulté d'être parfaite vient du relâchement des mœurs. Pour guérir le déréglement du cœur, il faut qu'une conduite modeste et sage soit uniforme et ne se démante jamais. Il est bien difficile à une ame vicieuse de conserver son mauvais caractere contre une pratique réguliére et une retenüe volontaire qui ne gauchit jamais ; c'est à la constance des œuvres que la modestie impose[15] ses loix. Si la fermeté d'une juste resolution fait le merite d'un homme, la fermeté d'une sage conduite fait celui d'une femme ; Car il est aussi difficile à une femme de ne jamais sortir de soi-même ni par temperament ni par occasion, qu'il est difficile à un homme de ne jamais changer d'opinion, ni par passion, ni par nécessité[16] ; mais le moyen de parvenir à cette constance noble et juste, c'est la modestie qui rend ce moyen utile, quand elle défend la grande liberté de l'âge tendre, la grande familiarité des societez agréables, la grande facilité des festins, et pour distinguer plus particulierement sa volonté lorsqu'elle refuse

---

[15] Var. ... rapporte ses loix.

[16] Var. ... par contrainte ;

tout ce qui s'oppose à une sainte régularité, ne voulant pas qu'une femme écoute rien d'équivoque, parle sur certaines matieres, ni ne s'explique avec certaines gens. Point de regards sans mesure, il faut avoir égard au temps et au lieu pour jetter les yeux. Point de rire précipité, il faut que le sujet qui nous l'inspire soit commun dans son effet. Point de contenance aisée, où la commodité nous appelle. Point de façon nouvelle de s'orner. Point de partie de divertissement qu'il n'y ait un chef. Point d'amis qui ne soient sages. Point d'ennemis qui ne soient méchans. Enfin point d'yeux pour ses vertus, et point d'oreilles pour ses loüanges. Voilà le secret de commencer un tissu de jours éclatans et d'en suivre le cours sans peine et sans blâme.

Mais ce moyen échape à la plupart des femmes, et ces soins que l'honneur demande et que la modestie inspire ne sont pas ceux qu'elles prennent ordinairement. Comme il en coute à la vanité et à la volupté, une femme aime mieux retrancher de la modestie que diminuer de son amour propre ; c'est pourquoi elle obmet tant de circonstances d'honneur, tant de loüables délicatesses que condamne la modestie, comme le tête à tête entre personnes de different sexe, l'examen de la beauté d'un homme, la préference dans les assemblées, l'explication de son penchant, le soin de juger de celui des autres, la facilité de blâmer, la difficulté d'approuver, et la liberté qu'on se donne d'imposer, d'ordonner et de commander à des gens, en des lieux, sur des choses que la providence n'a point commis à nos soins. Si une femme étoit exacte à remplir les devoirs de son état, elle ne seroit pas si portée à se répandre au dehors, ni si vive dans son domestique. La modestie lui feroit goûter l'esprit de retraite, elle sentiroit par ce plaisir de la solitude et du particulier le trouble que donnent le tumulte et la confusion. C'est dans cette confusion où il échape tant d'irrégularitez ; la grande societé nous dissipe jusqu'à l'oubly, et la retenüe la mieux observée se dément quand les parties deviennent fréquentes, et que l'on s'accoûtume au monde nouveau. Car une femme aime qu'on la flatte, et moins on la connoît, plus on le fait. L'ignorance où l'on est de ses défauts, fait qu'on la loüe avec plus de facilité, mais cet encens qui lui plaît, la fait négliger[17] sur bien de choses, et souvent elle doit à

[17] Var. ... lui plaît, fait qu'elle se néglige sur...

l'approbation d'un seul cent[18] défauts qui sont connus de tout le monde.

Combien s'engage-t'elle en se prévenant, l'incivilité lui devient naturelle avec ses égaux, l'air de mépris écrase ses inférieurs, et la gloire lui fait éviter ceux dont le rang l'efface, et la retranche à des réflexions qui choquent la modestie, elle s'exclut[19] des obligations que l'honnêteté lui impose, elle oublie les droits du prochain, et la vanité lui cache ceux dont elle est redevable ; de maniere qu'en s'attribuant par la foi qu'elle donne à son éloge des honneurs qu'elle ne merite pas, elle n'a d'égard que pour elle-même, et néglige tout ce que la modestie lui prescrit pour les autres. Vous la voyez sans peine manquer à l'honnêteté d'un abord, d'une conversation et d'un adieu, sans songer que l'infraction des loix de la modestie est tres-souvent la cause du rafroidissement de la charité, et qu'il est peu de distance entre le mécontentement et la haine ; c'est pourquoi une femme raisonnable est d'une exactitude achevée sur les moindres devoirs de la modestie qui regarde les autres, et renonçant aux occupations de bagatelle, elle ne s'applique qu'à rendre sa conduite irreprehensible dans les petites choses comme dans les grandes.

III. Les Bigotes

La fausse devotion est le plus dangereux des crimes, et le plus commun des défauts. Les hommes l'ont quelquefois par de grandes raisons de fortune, mais les femmes l'ont presque toûjours par orgüeil et par amour propre. La fausse pieté a plusieurs motifs qui engagent les femmes à prendre son party. Elle est facile, elle est heureuse, elle est d'usage. Souvent de la vie la plus licencieuse à celle qui paroît la plus retirée, il ne faut point changer de maximes, il ne faut que changer d'habit, et tout ce qui se refusoit à nos desirs dans ce premier état, s'accorde à nos souhaits dans le second. L'experience nous le fait voir si souvent que nous ne sçaurions douter du facile bonheur d'une multitude de bigotes du temps. Une femme élevée avec de bons principes, née avec bonnes inclinations, qui cependant veut se conserver la liberté d'une societé agreable, et la reserve d'une sagesse

---

[18] Var. ... plusieurs...

[19] Var. ... modestie. Elle se dispense...

entiere, ne trouve[20] qu'un moyen pour y parvenir ; c'est l'hypocrisie qui lui fait trouver un accord pour concilier Dieu et le monde, et pour satisfaire son amour propre sans blesser la devotion.

C'est une étrange erreur que celle du monde sur le chapitre de la religion. Les personnes éclairées la regardent dans ses plus sacrez mysteres ; le peuple dans les céremonies exterieures qui luy imposent ; et les femmes dans certaines pratiques qu'elles se proposent, dont elles se font une loy à laquelle elles attachent la perfection de leur état. Les premiers connoissent la religion, les seconds la croyent et les troisiémes la gâtent ; car les doctes la cherchent, le peuple la suit et les femmes la contrefont.

Elles s'employent à tirer un nombre de maximes qui s'accordent à leur inclination, et sur ce choix elles forment un plan de leur observance, et l'amour exact qu'elles ont pour les vertus choisies leur fait oublier tout le reste. On ne s'embarrasse pas d'être charitable, pourveu qu'on soit dame de la charité. Les dehors de la devotion leur suffisent, quand[21] l'interieur lui seroit opposé[22].

Il importe peu d'omettre des devoirs d'obligation, pourveu que ceux qu'on leur a preferez, ne soient pas des plus criminels, et qu'il reste toûjours un moyen de faillir avec éloge. Car c'est le propre de la fausse devotion de répandre l'orgüeil dans une ame[23], et de luy faire

---

[20] Var. ... n'imagine qu'un...

[21] Var. ... quand mesme l'interieur...

[22] « L'expérience nous fait voir une différence énorme entre la dévotion et la bonté » (Pascal, *Pensées*, 496 [éd. L. Brunschvicg]). On songe également à Bourdaloue, et son influence sur Madame de Pringy, lorsqu'il aborde la question de la charité dans son « Instruction sur la charité » : « Car il n'en faut pas juger par les démonstrations intérieures, même les plus vives et les plus empressées. On voit des personnes donner toutes les marques du parfait dévouement et d'une charité sans réserve. A s'en tenir au dehors, on ne peut rien, ce semble, ajouter à leur zèle, et l'on ne doute point qu'ils agissent dans les vues les plus pures d'une affection toute chrétienne. Mais si l'on pouvait pénétrer le fond de leur cœur, on se détromperait bientôt, et l'on y apercevrait un intérêt caché qui les conduit. Aussi, que cet intérêt vienne à cesser, et qu'il ne se trouve plus dans les services qu'on rendait, dans ces assiduités qu'on avait, dans cette ardeur qu'on témoignait, c'est là que le mystère tout à coup se dévoile » (*Œuvres complètes*, t. IV, p. 239).

[23] « Sçais-tu bien cependant sous cette humilité / L'orgueil que quelquefois nous cache une Bigotte ? » (Boileau, *Satire X*, dite « contre les femmes », v. 508-09). Tout le développement de Boileau sur la bigoterie de certaines femmes (v.495-554) rejoint la diatribe de Madame de Pringy, sans concertation aucune puisque la publication de la *Satire X* (mise sur le chantier dès 1676-77, mais rangée dans un tiroir jusqu'en

aimer l'humilité lors qu'elle est abimée dans la superbe, de faire estimer de peu d'importance les choses considerables, et de faire regarder comme choses considerables, celles qui sont de peu d'importance. C'est le secret dont le démon se sert auprès des femmes, il leur fait voir les preceptes de la religion avec des yeux d'indiference, pendant qu'un conseil de l'Ecriture les occupera jour et nuit pour le mettre en pratique. Elles seront vives pour se corriger d'un défaut, et impenitentes quand il s'agira d'un crime. Elles n'ont garde de sentir le poids du peché, puis qu'elles ignorent[24] les lumieres de la grace, et qu'elles s'attachent à de petites choses qui conviennent à leur caractere, pendant qu'elles negligent[25] de grandes choses necessaires à leur salut[26]. Cependant sous ce voile heureux d'une sainte apparence on se met en repos, on repare dans l'esprit du monde les impressions du desordre en changeant l'exterieur et en joignant l'hypocrisie à ses autres défauts. On efface par cette faute presente jusqu'à la memoire de ses fautes passées, et par un dehors reglé, on fait croire l'interieur pur et innocent. Quelle erreur de juger de la conduite[27] par une devotion apparente ? On se trompe bien plus aisément en justifiant le bigot qu'en condamnant le libertin.

Ce n'est pas une caution de l'honneur et de la vertu qu'un devot de profession. Les plus éclairez s'y trompent moins, parce qu'ils s'en défient davantage, et les hypocrites sont suspects chez tous les gens raisonnables. Les simples sont abusez par les hypocrites, mais les hypocrites sont desolez par les sages, qui ne leur passent pas aisément les trois Caracteres que l'hypocrisie leur impose, qui sont trois qualitez directement oposées à l'amour de Dieu et du prochain. L'orgüeil, la dissimulation et la cruauté[28].

L'orgüeil leur fait usurper l'autorité sur des personnes qu'ils ne connoissent pas, la dissimulation leur fait obtenir une approbation

---

1693) et celle des *Caracteres* de Madame de Pringy datent toutes deux de 1694.

[24] Var. ... négligent...

[25] Var. ... qu'elles méprisent...

[26] Cette nécessité de la grâce pour s'assurer de son salut constitue un des leitmotiv majeurs de *La Description de l'amour propre.* Voir plus loin.

[27] Var. ... conduite d'autruy...

[28] Autre exemple de la motivation spirituelle de la dialectique de Madame de Pringy. Voir *La Description de l'amour propre.*

qu'ils ne meritent pas, et la cruauté leur fait exercer une tyrannie qui ne se doit pas.

Voilà l'exercice des devotes du temps, la recherche des employs qui leur assujettissent le plus de malheureux, et qui les élevent au dessus d'une conduite ordinaire. Le soin de cacher leur dessein, afin de parvenir plus aisément à leurs projets, et de s'exprimer en termes humbles pour se faire estimer davantage, et l'application continuelle à supposer des crimes à ceux qui ont du malheur, et à nourrir de larmes et d'ignominie ceux que la providence leur envoye pour les nourrir de pain. Si on sçavoit jusqu'où va la rigueur des bigotes du temps, les riches crieroient pour y mettre de l'ordre, et les pauvres craindroient leur secours.

Comme un des charmes de la grandeur et des richesses est le respect qu'elles imposent : un des chagrins de la misére est le mépris qu'elle s'attire. L'indigence et la pauvreté effacent dans les esprits simples l'avantage de la naissance, l'éclat du merite et la beauté de la vertu. Mais si l'injustice éleve la fortune à un si haut degré, la verité plus équitable la laisse toûjours au plus bas rang, et cette verité qui semble éclairer les Bigotes, est foulée au pied par leur cruauté. Il n'est point de maux qu'elles ne fassent souffrir aux personnes que Dieu visite par la pauvreté, la faim, la soif, la nudité sont les moindres peines qui parent de leurs soins : La médisance, la calomnie, le mépris et l'outrage sont les suites du zele qu'elles font paroître pour le prochain.

Quand elles sont commises au soulagement des familles, et que la bonté d'un Pasteur qui ne veut pas laisser souffrir aucune de ses oüailles, les employe pour exercer des devoirs de charité ; c'est une chose inoüie ? Il se repose sur ses ames zelées dont les pratiques sont d'exemple, et qui montrent en public les devoirs que l'on doit à Dieu, pendant qu'elles ne s'embarrassent guére en particulier de ceux que l'on doit au prochain. C'est selon le penchant de leur cœur qu'elles font vivre ou mourir les miserables. Lors que la bienveillance les porte vers quelqu'un, et que les soûmissions d'un homme souffrant a rendu hommage à leur superbe, elles lui donnent tout ce qu'il faut pour diminuer sa souffrance, et non pas pour la finir, elles sont bien aises de ralentir sa douleur pour manifester leur bonté, et n'ôter que l'excès de sa peine, afin de meriter un éloge, et de conserver leur empire.

Mais lors qu'un illustre malheureux à qui le dépoüillement n'a pas arraché la noble fierté de son cœur, est confié à leur cruel secours, ce n'est plus une demie pitié qui les anime ; c'est une rage, qui leur fait exercer mille supplices en sa personne ; comme si les vertus d'un pauvre illustre mettoient obstacle au secours que ses besoins demandent ; on les lui refuse tous, ou bien on les lui offre sous des conditions cruelles ; on ne veut plus de sentimens nobles dans un cœur languissant, plus de lumieres, de grandeur, ni de capacité dans un esprit abatu par l'infortune, il faut renoncer à tous les sentimens qui distinguent un homme du commun, si vous voulez obtenir l'utilité qu'elles vous proposent. Et par un éloignement secret de la charité dont elles font profession publique, elles ne vous accordent la vie qu'en vous ôtant l'honneur, et ne consentent à vous donner du pain qu'à condition que vôtre rang et vôtre vertu ne vous excluront pas d'être victime de leur erreur et de leur fantaisie.

Comme l'exercice de leur charité pendant ce temps fait bien souffrir les miserables. Ce même exercice pourroit bien à leur tour les faire souffrir dans le grand jour de l'éternité, et si l'orgüeil est le plus grand crime devant Dieu, puisqu'il s'attaque à lui-même en blessant son amour, où conduira l'hypocrisie qui renfermant l'orgüeil, blesse encore l'amour du prochain et le rend infracteur de la loi dans ces deux preceptes. Je vous avoüe qu'une bigote est si coupable, et a tant de défauts que je n'ai garde d'en entreprendre le détail, je ne parle que de celles attachées à la[29] profession. Comme la haine qu'elles ont pour toutes les femmes qui ne sont pas habillées à la mode de l'hypocrisie, elles ne peuvent les souffrir, surtout quand elles meinent [sic] une vie exemte de blâme. Il semble qu'il y ait un crime à être vestu d'ornemens que la condition permet, et qu'il faille pour être à Dieu commencer par se couvrir d'un sac, qui ne sert bien souvent que pour cacher plus de crimes sans découvrir plus de vertu. L'erreur d'une modestie de laine a beau s'augmenter dans le monde ; on sçait que les grandes manches couvrent moins la main que l'avarice et que ce n'est point l'habit de bigotes qui fait la femme de vertu. Cependant sous cet habit, on condamne avec hardiesse, et l'on peche avec impunité ; on est même au-dessus de la censure, et celui qui dit la verité sur ce sujet, court risque de faire dire un mensonge sur le sien ; car la fausse pieté

---

[29] Var. ... à cette profession.

ne souffre point le blâme sans rendre la calomnie, et c'est la suite de la colere d'une bigote de perdre celui qui l'a blâmée. La sagesse par excellence et la verité même qui est Jesus-Christ a condamné l'affectation des habits, lorsqu'il blâme les Pharisiens aux robes longues et aux franges modestes[30]. Il n'a pas eu égard à leur accusation sur la femme adultere[31], il les a condamnez, lorsqu'ils venoient pour condamner les autres. C'étoit une leçon de providence pour éclairer ceux qui ont l'autorité, pour proteger ceux qui sont dans l'abandon, et pour corriger ceux qui accusent sans être innocens.

Il est des circonstances de peché dans l'hypocrisie si délicates et si dangereuses que même celles qui en sont coupables ignorent quelquefois le malheur de leur condition. Une femme du caractere dont je les dépeins n'a de prochain que ceux de sa profession. Ce qui vient de leur part est decisif sur toutes choses, et une bigote feroit conscience de douter d'une calomnie qu'une autre bigote a inventée. Sur cette foi criminelle elle méprise celles que l'on a accusées, et sous pretexte de reprendre les défauts, elle les publie par tout. Car la médisance n'est pas un crime chez les bigotes. Quand on croit dire la verité, on ne croit pas offenser Dieu ; cependant la Pieté parle un langage bien different de ces maximes, et pour être devote veritablement, il ne faut que la consulter.

IV. La Pieté[32]

La foy est la mere de la Pieté, quiconque se donne à Dieu et fait profession d'y être doit sçavoir sa religion, et aimer les devoirs et les remplir parfaitement. Son premier soin doit être de s'instruire et de régler ses mœurs sur la foi de ses connoissances[33], afin de ne pas connoître la loi en libertin ni la pratiquer en bigot.

Mais quand la foi a succedé au soin de son instruction, qu'il est seur d'avoir trouvé la voie, la verité et la vie, qu'il goûte une paix

---

[30] Matthieu, XXIII.

[31] Jean, VIII.

[32] Le chapitre sur la piété est particulièrement inspiré par le même zèle spirituel qui anime *La Description de l'amour propre*. Voir plus loin.

[33] Var. ... sur les connoissances de la foy,...

merveilleuse que la verité répand dans son ame, que son cœur rempli de charité n'a plus de mouvemens qui ne le portent à la joye de l'éternité, son esprit se trouve convaincu, son ame est remplie d'onction et la pratique de la vertu devient facile quand l'esprit connoît avec seureté ce qu'il doit, et que le fruit de cette connoissance est le zele de la volonté ! c'est alors que l'on voit cet empressement des Maries pour chercher Jesus-Christ, cet amour des Magdelaines[34] pour le suivre, et ce soin des Marthes pour le servir[35]. Ni la parole de l'Ange[36], ni l'opinion du Pharisien[37], ni la préference de Magdelaine ne les arrêtent point[38]. Le desir, le courage et la force suivent de près la foi, l'esperance et la charité qui les animent, elles courent portées par leur empressement, mais c'est dans la voye de la verité suivant Jesus-Christ sans relâche et sans repos, s'employant sans cesse au travail de la Vigne du Seigneur[39], et n'épuisant jamais la force de leur volonté, quoi qu'elles attenuent celle de leur corps. Voilà la régle d'une ame qui cherche vrayement Dieu, un desir brulant de tout faire pour son amour, une impression de sa Divinité qui nous anéantit sans cesse, et qui nous met à l'abri de la superbe du demon, si dangereuses aux ames innocentes. Une resolution inexprimable qui nous fait vaincre les obstacles qui se rencontrent dans la voye tracée par Jesus-Christ, dans laquelle il faut marcher sans détour pour être parfait. On ne suit pas le Seigneur en s'arrêtant, c'est une course sans interruption qu'il

---

[34] Voir Matthieu, XXVII, 55-56.

[35] Pour Marie et Marthe, les deux sœurs, voir Luc, X, 38-42, où l'on voit Marie occupée à écouter Jésus, tandis que Marthe vaquait au service.

[36] Voir Matthieu, XXVIII, 2-7.

[37] Voir Matthieu, XXVII, 64.

[38] On retrouve constamment la présence de Marie-Madeleine (ou Miriam) dans l'entourage de Jésus. A en juger par les textes, elle est celle que Jésus préférait parmi toutes celles qui le suivirent. Sur la relation entre Jésus et Miriam, voir Bruce Chilton, *Rabbi Jesus*, London, Toronto, Doubleday, 2000. Rappelons par ailleurs que l'on a voué un véritable culte à Marie-Madeleine au XVIIe siècle. « Marie-Madeleine, écrit M. Raymond Toinet, a été l'héroïne préférée du XVIIe siècle ; on ferait aisément un gros ouvrage sur les causes de cette préférence » (Cité par Henri Bremond dans *Histoire littéraire du sentiment religieux en France*, t. I, « L'Humanisme dévot », p. 383).

[39] Voir Jean, XV, 1-5. Cfr. Matthieu, XXVI, 29.

faut que fasse la volonté[40], le moindre repos l'éloigne, et souvent la négligence fait qu'elle le perd de vûë, et qu'elle s'égare jusqu'à ne pouvoir plus le retrouver ; c'est la fidelité à le suivre qui est l'article le plus essentiel de la vraye pieté.

Que d'ames qui cherchent Jesus-Christ, qui le trouvent, et puis qui le laissent et qui le fuyent ? L'ardeur de la devotion, leur donne des mouvemens impetueux que la foiblesse naturelle, l'occasion et le penchant arrétent au milieu de leur course, et le plus souvent ce grand zele que le temperament anime, cede à la moindre bagatelle qui choque la passion dominante.

Ce n'est point à la vertu aimée qu'il faut donner la conduite des autres, c'est à la vertu necessaire, et cette vertu necessaire est celle qui retranche le plus de nôtre propre volonté et qui nous fait suivre de plus prés Jesus-Christ : ce n'est point d'un pas languissant que l'amour fait marcher quand c'est de bonne foi que le cœur se donne ; on vole où l'amour nous appelle, l'esprit de charité fait agir tout autrement, et le saint emportement d'une ame qui aime Dieu lui fait suivre de si près les Preceptes et les Conseils de Jesus-Christ, que sa conduite paroît un Evangile, où l'on voit écrit par la violence les leçons d'un Dieu crucifié. Je vous avoüe que la rareté de ces personnes apostoliques, qui remplissoient les premiers siecles, feroit douter qu'il y en eut dans le nôtre, si la perfection de ceux qui nous donnent l'exemple, ne nous dédommageoit du petit nombre, et ne nous persuadoit par l'excellence d'un état si merveilleux des douceurs que la grace communique dans cette voye laborieuse de la penitence, où l'on cherche, où l'on suit et où l'on sert Jesus-Christ. Car cette méme volonté qui nous le fait suivre en tout lieu, nous le fait servir en toutes choses. Il ne s'agit pas seulement de l'aimer par la contemplation, il le faut adorer par la soûmission, il le faut servir par la fidelité aux devoirs de nôtre état ;

---

[40] Nous entendons ici le langage empreint d'une spiritualité mystique (et presque irréelle), qui fut celui des zélés moralistes de l'époque lorsque ceux-ci (ou celles-ci) invitaient les femmes à s'adonner à une piété sans bornes. A comparer avec ce mot de Girard de Villethierry, s'adressant aux vierges chrétiennes : « Il faut qu'elles soupirent sans cesse après le Ciel, qu'elles le regardent continuellement comme la fin de leur course et le terme de leur pelerinage, et qu'elles s'efforcent d'y monter par la ferveur de leurs desirs » (*La Vie des Vierges*, p. 245). Quant à la littérature spirituelle où dévotion et mysticisme se confondent, voir le magistral ouvrage déjà cité de Henri Bremond. La ferveur de Madame de Pringy est le fruit de ces pieuses lectures.

car ce n'est point en speculation que l'on observe la Loy ; c'est une charité active que Dieu nous demande, et la foi cette Divine vertu qui nous le fait adorer, ne se contente pas de la soûmission de nos lumieres, elle veut encore des œuvres d'une charité agissante, et que le bras seconde le cœur. C'est pourquoi point de repos pour une ame chrétienne : son travail doit commencer avec sa raison, et ne finir qu'avec sa vie, et toute la perfection ne consiste qu'à le commencer avec joye, à le continuër avec courage, et à le finir avec amour. Quand cet amour qui est le fondement de la Loy a penetré le cœur de l'homme, toute la severité de la penitence, toutes les rigueurs paroissent douces pour son desir, toutes ses obligations vers Dieu sont remplies avec une ardeur sans mesure, son zele n'obmet rien de ce qui peut concourir à la gloire de son Dieu, et son prochain par une effusion de cette même charité est cherché avec soin en quelque lieu qu'il souffre, est secouru avec promptitude quelque besoin qu'il endure, et est consolé avec douceur, conformement à son état. Le même zele qui l'éleve à Dieu par amour, qui l'unit au prochain par charité, l'abaisse aussi jusqu'à lui-même par une humilité profonde, et lui fait voir le néant et le peché qui lui sont propres. Dans la vûë de ses miséres il conçoit l'éloignement où il est des grandeurs de la Divinité, et se fortifie dans la foi, qui lui fait adorer cette immensité qu'il admire, il examine ce que c'est que le néant qui le compose, et la reflexion le conduit au mépris qu'il se doit à lui-même, et à l'amour qu'il doit à son Dieu. Voilà la situation où doit être une ame chrétienne qui fait profession de pieté, il ne s'agit pas de l'apparence quand on se déclare en public enfant des joyes de l'éternité. Il faut être circoncis de volonté, et que l'interest et l'amour propre écrasez pour jamais par la force de l'amour de Dieu, ne soient plus capables de nous arréter dans le chemin de la vertu ; que nous soions comme l'Apôtre S. Paul plus puissant que l'enfer par la force de la charité[41]. Que chacun s'examine sur ce modele de pieté et se jugeant à la

[41] Le thème de la charité, fréquent dans le traité de Madame de Pringy, l'est également dans les écrits de saint Paul. Voir *Ie aux Corinthiens*, XIII, 1-4, 8, 13 ; XIV, 1 ; XVI, 14 ; *IIe aux Corinthiens*, II, 8 ; VI, 6 ; *Aux Galates*, V, 6, 13 ; *Aux Éphésiens*, V, 21 ; *Aux Colossiens*, I, 8 ; III, 14 ; *Ie aux Thessaliens*, I, 3 ; III, 12 ; V, 8 ; *Ie à Timonthée*, 1,5 ; *IIe à Timothée*, 1, 7 ; II, 22 ; III, 10 ; *A Tite*, II, 2 ; *A Philémon*, 5, 7, 9.

rigueur, se confesse coupable devant Dieu et s'avoüe criminel auprès des hommes, et que ce juste aveu fasse naître en nous le plus fort sentiment d'abnegation dont nous soions capables, sans lequel nous ne sçaurions jamais chercher, suivre, ni servir Jesus-Christ comme il le veut et comme on le doit.

V. Les Spirituelles

Une femme qui se pique d'esprit est insuportable pour la societé, parce qu'il est rare d'en trouver de ce caractere qui soit exempte d'une injuste prévention dont je vais faire le détail.

La plus coquette est moins charmée de sa beauté que la moins spirituelle ne l'est de son genie. C'est un mépris universel qu'elle a pour toutes les creatures, il semble qu'elle confonde l'homme avec les animaux du moment que sa raison n'est pas accompagnée d'un bel esprit, et elle vit dans un éloignement du sens commun par la gloire où l'éleve ce prétendu bel esprit, qui fait qu'elle devient autant insuportable aux autres, que les autres luy paroissent insuportables à elle-même. Une femme que les lumieres aveuglent est si loin de la verité qu'il ne faut pas s'etonner si les plus sages la fuient et si les moins timides la craignent ; car elle n'est capable que de donner de belles couleurs au mensonge et de faire le mal avec plus de subtilité. En voicy la raison. Une femme effleure les sciences et ne les aprofondit jamais. Elle reçoit l'éloquence naturellement et la met en usage sans se servir des régles qui nous asseurent de la suivre. Elle s'attache aux auteurs qui donnent le plus dans son sens, sans s'embarrasser de choisir ceux dans le sens desquels il faut donner pour être habile. Elle noüe une societé de gens qui passent pour gens d'esprit, parce qu'ils savent mieux que d'autres applaudir au défaut des grands et aux erreurs des femmes. Elle s'applique à censurer les ouvrages, comme si la censure n'étoit pas un droit de l'excellence dont le plus habile homme à peine est capable. Elle étudie ses mots, car le terme fait tout à la chose auprès d'elle ; toute l'érudition ne sçauroit luy plaire sans politesse ; parce que la sagesse et la verité n'est pas son étude, mais la delicatesse et l'usage : et pourveu qu'elle observe une pureté d'expressions qui[42] l'exempte de pecher contre les loix du beau langage, elle se repose du surplus et ne s'embarrasse guere de penser comme une autre pourveu qu'une autre ne parle pas comme elle. Le desir qu'elle a de paroître habile est un obstacle à le devenir, car il faut beaucoup de peines et de temps caché pour acquerir un merite éclatant et approuvé, et les femmes aiment mieux perdre le temps sans peine que de cacher la peine et le temps pour acquerir la vertu. C'est pourquoi leur plus beau talent d'esprit est la conversation ; c'est-là où le desir, qu'elles ont de paroître, éclate, et où elles répandent dans chaque esprit quelque défaut du leur ; car elles font une course de genie dans une après midy de temps, elles passent de la doctrine aux mœurs, de l'usage à l'opinion, du serieux à l'enjoüement, du solide à la bagatelle et elles traitent en deux heures de tous les interêts de l'Europe sans en avoir connu pas un ; on épuise les matieres sans les avoir touchées ; on offense la raison en voulant raisonner ; on a un tissu de pensées qui fournissent des mots pour remplir le temps, et on se contente en faisant couler quantité d'expressions sur des choses inconnuës.

L'usage fait que la politesse cache une partie de l'ignorance et qu'un adulateur satisfait et prévient par son encens ; on ne distingue plus le flateur[43] de l'homme équitable ; on se repose sur une dangereuse aprobation, ne consultant point la science qui peut éclairer. Les fausses lumieres, qui éblouissent, font un si beau jour et si facile que l'amour propre prend soin de le conserver, et l'on se croit élevé à des connoissances dont à peine le nom se conserve[44] dans la memoire.

Voilà l'usage des femmes spirituelles. Une grand idée d'esprit qu'elles ont dans l'imagination. Ce n'est point une connoissance, une regle, ni un sçavoir, c'est une idée ; c'est à dire une spacieuse étendüe qui comprend toutes les grandes choses. Un vaste lieu en elles-mêmes, où elles imaginent voir l'assemblage de toutes les differentes beautez de l'esprit. Elles font un mélange confus de tout ce qu'elles sçavent, et cet amas, de sciences imparfaites, remplit leur cœur aussi injustement que leur esprit. L'opinion gâte la volonté et le déréglement du cœur fixe les erreurs de l'esprit et ne lui permet plus de changer.

---

[42] Var. ... laquelle l'exempte...

[43] Var. ... on ne le distingue plus de l'homme...

[44] Var. ... demeure dans...

Quand une femme est parvenüe à ce malheur, il est presque impossible de la conduire à la verité. Elle ne voit toutes les choses de l'esprit qu'à travers de son goût. Elle condamne ou elle approuve selon que ce même goût est flaté par le sujet qu'elle examine, et puis elle regle la bonté de son jugement sur le jugement de ceux qui ont trop de bonté pour elle, et par cette injustice elle s'écarte de plus en plus de la verité ; car ses lumieres trompées par elle-même dans leur principe, la trompent toûjours dans leurs effets. Et le soin qu'elles se donnent d'augmenter cette capacité erronnée ne sert qu'à l'aveugler davantage.

Chaque image qu'elle aperçoit, chaque idée qu'elle se forme, chaque opinion qu'elle reçoit, sont autant de nouveaux obstacles à la verité qu'elle se propose et qu'elle ignore. Et il arrive[45] en elle d'une suite necessaire qu'elle n'a plus les facultez de l'esprit libres d'agir qu'en faveur des faux principes qu'elle a recues ; parce que l'esprit a des actions d'habitudes, il n'est pas toûjours dans l'examen où le doute le conserve, il passe outre quand affermi sur l'opinion qu'il a connu, examiné et recue, il se porte après déterminement à tout ce qui suit ou qui se raporte au principe qu'il a choisi ; et c'est ce qui fait que les esprits sont si differens et si asseurez dans chaque caractere, parce qu'ils ne font plus que suivre une proposition aprouvée, qui regle les differentes opinions que les sujets fournissent.

Quand un homme qui consulte la verité, croit la trouver, il se fixe et se détermine. Il ne sort plus de ce point, il doute de tout le reste et ne s'asseure que par rapport au point qui l'a fixé, auquel il croit la verité attachée et c'est ce qui le rend juste dans les suites en cas qu'il ne se soit pas trompé dans son choix ; car il ne se détourne point de son premier principe, il est toûjours le même ; c'est un sentiment uniforme qui le conduit sur toutes choses. Il connoît bientôt que le fruit de sa peine est une lumiere sans ombre qui l'exempte de toutes les taches de l'erreur ; mais la même raison qui fortifie ce bon genie, fortifie aussi le mauvais.

La stabilité est la suite d'une opinion que l'on aime, et les femmes qui se déterminent avec bien plus de facilité que les hommes, sont plus sujettes aussi à s'éloigner de la verité, elles prennent parti sans raisonner, et n'ont pas plûtôt suivi leur penchant que ce même

[45] Var. ... Il arrive en elle...

penchant fait toutes leurs lumieres et les perpetüe[46] dans cette erreur de choix qu'elles ignorent plus que personne. Elles manquent par une vivacité qui les fait déterminer sans reflechir, et cette premiere faute où l'ignorance les fait tomber est la source de tous ces égaremens de raison et de sens commun qu'elles ont sur toutes choses et qui les rend insuportables. Car elles ne sont pas les maîtresses de[47] se corriger, leur connoissances seduites par l'opinion ne se rend pas au soin des amis, aux avis des bons auteurs, ni même aux premieres teintures[48] qu'elles ont de changer. L'habitude de l'opinion est plus forte que toutes les passions ensemble, il faut un effort surnaturel pour ramener à la verité un esprit gâté par de faux principes qui lui plaisent. Une femme de qui l'esprit n'est pas juste, change les objets de nature et de place, il faut que la verité se tourne pour qu'elle la voie droite, car elle n'aperçoit rien qu'à travers des ombres qui la trompent et qui font qu'elles trompent les autres, parce qu'elle insinüe ces fausses lumieres et se sert de couleurs vives pour les faire sentir aussi justes qu'elle les conçoit.

Les hommes sont exempts de cet écüeil ; mais les autres femmes de qui l'aveuglement fait chercher des lumieres, s'aveuglent davantage en voulant s'éclairer, et tombent dans le piege des spirituelles qui est de s'admirer en se trompant et de tromper ceux qui les admirent. Leur connoissance confuse, la facilité qu'elles ont à se porter aux choses élevées et le desir de paroître habiles sont les causes de leur ignorance, et[49] se font des obstacles qui leur rendent la science beaucoup plus necessaire et plus facile.

VI. La Science

L'Esprit est de tout sexe. L'ame est un être spirituel également capable de ses operations dans les femmes comme dans les hommes. Et si les hommes sont destinez à des emplois laborieux pour lesquels il faut de la science et de l'application, les femmes que l'usage a

---

[46] Var. ... les entretient dans...

[47] Var. ... pas assez maîtresses d'elles-mesmes pour...

[48] « Se dit figurément en choses morales, des bonnes ou mauvaises impressions dont l'ame de l'homme est susceptible » (Furetière).

[49] Var. ..., elles se font...

exclües de ces emplois avec justice, leur delicatesse ne permettant pas qu'elles en pussent soûtenir le poids, ne sont pas exclües de l'erudition. Car la science est necessaire à tout le monde et ceux qu'elle gâte[50], le seroient beaucoup plus de leur ignorance qu'ils ne le sont par ses lumieres. Si un demi sçavant prend de la vanité pour peu de choses, un ignorant en prend pour rien, et celui qui est capable de superbe sans rien sçavoir[51], se croiroit un ange s'il sçavoit quelque chose. Tout ce qu'il apprend contribüe bien moins à sa perfection qu'à son orgüeil ; c'est pourquoi la premiere marque d'une personne habile est avant que de rien sçavoir, de sçavoir bien qu'elle ne sçait rien et de desirer sçavoir beaucoup[52].

Quand ces dispositions-là se trouvent dans une personne qui veut se donner une application serieuse et prendre l'étude à cœur, elle s'aperçoit bientôt, par le plaisir qu'elle prend dans la peine qu'elle se donne, de la necessité dont est la science pour la perfection. C'est pourquoi quelque laborieuse que soit l'étude elle ne s'en rebute point, pourveu qu'elle s'instruise elle est contente. Est-il rien de plus capable de satisfaire l'esprit que de luy donner les moiens de s'assurer sur ce qu'il pense et de deliberer seurement dans ses opinions ? Entre mille idées confuses qui se présentent à luy sur un même sujet, déméler sans se tromper la plus juste et la plus raisonnable, ne point confondre le vrai et le faux et par des principes qui le réglent, se mettre à l'abri de l'erreur. Quelle joie de voir le partage de tous ces bons sentimens quoique opposez que les anciens ont laissez pour modéle, et de s'exercer l'esprit sur les tresors des plus beaux esprits du monde. Avoir la liberté de choisir dans des sentimens parfaits celui qui nous est le plus agreable et de faire de l'antiquité la plus éloignée un plaisir toûjours nouveau pour nôtre imagination, pouvoir contribuer à régler

---

[50] Var. ... ceux qui en sont gâtez,...

[51] « Les gens de qualité savent tout sans avoir jamais rien appris » (Mascarille dans *Les Précieuses ridicules*, scène IX (Molière, *Œuvres complètes*, éd. G. Couton, Paris, Gallimard (La Pléiade), 1971, t. I, p. 277).

[52] Nous entendons ici des accents vaguement socratiques sur les embûches du savoir, ou, selon le cœur de Madame de Pringy, plutôt un écho aux paroles de s. Paul, *Ie aux Corinthiens*, VIII, 2 : « L'homme qui présume de son sçavoir ne sçait pas encore ce que c'est que sçavoir » (Traduction de Montaigne, dans *Essais*, II, XII, et inscrit sur les travées de sa librairie). Voir Montaigne, *Les Essais*, éd. Pierre Villey, Livre I, p. LXX.

sa conduite en satisfaisant sa curiosité, et mettre par l'intelligence de nos ancétres un ordre à nos pensées et à nos discours aussi juste que la raison en met à nos actions.

Franchement celuy qui néglige la science est bien près d'abandonner la raison, et du dégoût des justes régles de la Philosophie, il n'y a pas loin à la perte du sens commun. Car le moyen d'être habile par ces vapeurs de vivacité qu'un sang boüillant donne dans certaines occasions, où la disposition des organes, jointe à la passion qui nous anime, nous fait trouver de bonnes choses, les exprimer justes et qui jugeroit de nous sur cet essay, nous croiroit doctes, pendant que nous n'avons encore que les moiens de le devenir. Non ! on a beau avoir le plus beau naturel du monde, il faut les couches de la science pour en faire un portrait aimable et quelque bel esprit dont la nature nous ait favorisé, il n'est jamais naturellement tout ce qu'il peut être avec les sciences. Quelquefois même un sçavant d'un genie fort inferieur est capable de l'effacer sans ressource ; parce qu'il est vray que celui, qui n'a pas de régles seures pour l'action de l'esprit, échape[53] la verité aussi facilement qu'il la trouve, le tout par hazard. C'est pourquoi les femmes qui sont plus capables par la vivacité qu'elles ont à s'élever aux choses les plus sublimes, et plus sujettes par le changement à quitter la verité quand elles l'ont une fois atteinte, ont plus besoin de sciences que tout autre pour élever leurs lumieres avec ordre et les fixer avec asseurance. Il faut chercher le plan d'érudition le plus approuvé, s'arréter à ses régles pour conduire nos connoissances et lors que par des maîtres que tout le monde approuve on s'est instruit sur toutes choses, il ne faut pas croire en sçavoir assez. C'est ignorer le point de la science parfaite que de se reposer dans le chemin de la verité, à peine la vie d'un homme suffit-elle pour sçavoir ce qu'un enfant ne drevroit pas ignorer ; on se lasse au lieu de s'animer, la vanité nous fixe et souvent une aprobation nous fait negliger par orgüeil le travail[54] de nôtre perfection. Nous en demeurons à ces premieres teintures du sçavoir, et sans nous échauffer du desir que les lumieres de l'esprit ont droit d'inspirer, nous en demeurons au point des demy sçavans, qui est de paroître beaucoup. Cependant il est peu de ces genies élevez, de ces esprits au dessus du commun qui tombent

[53] Var. ..., perd la verité...

[54] Var. ... le soin de...

dans cette non-chalance, un mouvement plus noble les enleve à la vanité et ce qu'ils sçavent, leur sert d'éguillon pour apprendre. Vous les voyez quoique fixes aux sentimens des meilleurs auteurs s'instruire avec tous les autres et sans se broüiller par la diversité des opinions, s'affermir dans la plus juste qu'ils ont préferé[e] et faire servir toutes les oppositions à la gloire de la verité. Pour sçavoir beaucoup, il faut s'aimer peu et ne se point consulter, l'amour propre s'oppose à la peine et l'opinion à la verité, tout nous doit être suspect, quand c'est nous qui l'inventons et qui le jugeons. Je ne dis pas qu'il faille se soûmettre à toutes sortes de jugemens plus facilement qu'au nôtre ; mais le nôtre nous doit toûjours faire trembler dès qu'il n'est pas directement conforme aux anciens et aux modernes d'une excellente raison. C'est pourquoi vous voïez que ces personnes élevées, ces esprits sublimes qui se portent aux choses merveilleuses avec facilité, consultent tout, s'instruisent sans cesse et s'aprouvent peu. A quelque degré que l'on porte la science en general ou en particulier, quand on seroit le premier dans tous les Arts ensemble, et que par l'exellence d'un esprit angelique on auroit surpassé les connoissances humaines, on ne verroit que mieux le peu de choses dont l'homme est capable, et la vraie humilité est la plus infaillible preuve qu'un homme est sçavant ; on doit tout apprendre pour se connoître mieux, et pour s'estimer moins et par une application perpetuelle, il faut s'instruire des grandeurs de Dieu en qui seul est la veritable science de toutes choses et la plenitude des connoissances éternelles[55].

---

[55] Conviction et profession de foi de toutes les dévotes irréductibles et de l'enseignement spritual au XVIIe siècle. On lit chez Bossuet : « Je n'ignore pas, Chrétiens, que la science soit un présent du ciel, et qu'elle n'apporte au monde de grands avantages : je sais qu'elle est la lumière de l'entendement, la guide de la volonté, la nourrice de la vertu, l'amie de la vérité, la compagne de la sagesse, la mère des bons conseils ; en un mot, l'âme de l'esprit et la maîtresse de la vie humaine. Mais comme il est naturel à l'homme de corrompre les meilleures choses, cette science, qui a mérité de si grands éloges, se gâte le plus souvent en nos mains par l'usage que nous en faisons. C'est elle qui s'est élevée contre la science de Dieu ; c'est elle qui, promettant de nous éclaircir, nous aveugle plutôt par l'orgueil ; c'est elle qui nous fait adorer nos propres pensées sous le nom auguste de la vérité ; qui, sous prétexte de nourrir l'esprit, étouffe les bonnes affections, et enfin fait succéder à la recherche du bien véritable, une curiosité vague et infinie, source inépuisable d'erreurs et d'égarements très pernicieux » (*Panégyrique de Sainte Catherine*, daté de novembre 1656, et de novembre 1660 Voir Bossuet, *Œuvres*, Paris, Gallimard (La Pléiade), 1961, p. 460. Et dans le

VII. Les Economes

Une des plus loüables vertus des femmes leur sert aujourd'hui de prétexte(s) à tolerer un vice affreux, et l'économie si necessaire dans les familles pour empécher la dissipation des biens, cache aujourd'hui l'avarice qui fait usurper celui d'autrui ; on ne conte plus ce qu'il faut dépenser pour le necessaire, mais ce qu'il faut épargner pour le superflus ; car il n'est point de superflus plus manifeste que celui d'un argent caché qui ne sert ni à autrui, ni à nous même et qui ne porte d'autre interêt qu'un amas de colere et de reprobation pour l'éternité. Une femme, à qui la galanterie et la vanité n'ont point touché le cœur, doit aprehender l'interêt, et il est bien rare qu'elle s'exempte d'aimer les richesses lorsqu'elle méprise l'ambition. Le temperament qui la porte à mener une vie cachée, la porte à cacher son argent, et tout l'amour qu'elle témoigne pour les choses raisonnables n'est effectivement que pour le bien. Une femme avare revétüe du titre d'économe, est d'une vigilance, d'une justesse et d'une lumiere merveilleuse. Rien ne prévient ses soins, rien ne surprend son exactitude, rien n'échape à ses connoissances. Comme son desir l'inquiete, elle prend moins de repos qu'une autre ; comme la crainte qu'elle a de perdre, la fait examiner toutes choses de près, elle ne dépense rien d'inutile, et la vivacité lui fait voir dans sa maison tout ce qui s'y fait sans rien obmettre, et même ce qui ne s'y fait pas ; car sur la fausse opinion qui la préoccupe, elle s'imagine souvent ce qui n'est point ; cependant sa vigilance la fatigue, son exactitude l'afflige et ses lumieres la trompent ; elle se reproche la paresse, la facilité, l'aveuglement sans songer à l'avarice qui est la seule chose qui la trouble et qui lui fait prendre mille peines qui n'ont de fruit que le peché. Ce n'est pas ce tourment perpetuel qu'une femme se donne, qui fait la femme économe ; on le peut être sans mouvement et souvent une femme turbulante en épargne moins qu'elle n'en perd. Combien voit-on de celles qui retranchent du

---

Premier Sermon de la Quinquagésime (1661 et 1665), « Sur l'utilité des souffrances » : « ... car la plus haute subtilité de l'esprit humain, qu'est-ce autre chose devant Dieu qu'une misérable ignorance ? C'est pourquoi il parle ainsi dans son Écriture : « où sont les sages ? où sont les savants, où sont les docteurs ? n'est-ce pas moi qui ait confondu toute la sagesse du siècle ? (Isaïe, LV, 8,9) » (Bossuet, *Œuvres complètes*, t. VII, p. 466). Le ton même de l'exposé de Madame de Pringy.

necessaire, qui à force de dépenser peu, se mettent en état de ne dépenser rien, et risquent tout dans l'esperance d'un gros gain. Ce n'est plus le tems de la vertu ; on porte toutes choses à l'extremité ; si on dépense, on est prodigue ; si on épargne, on est avare. Une femme que l'avarice aveugle est bien plus à plaindre qu'une autre ; car elle est incorrigible. Des autres crimes on se reconnoît coupable, et de celui là on s'aprouve dans son peché. L'endurcissement en est inséparable, parce que l'usage, la raison, la prudence, la necessité même nous engagent à l'économie, et de l'économie à l'avarice il n'y a qu'un pas ; on ne croit jamais l'avoir fait. Un juste est aussi rare dans la loi nouvelle qu'il l'étoit dans la loi ancienne. L'on a bien de la peine à se tenir quand le pas est si glissant ; mais c'est au triomphe de ce vice aprouvé que je veux conduire les femmes du siécle, je voudrois bien leur ôter l'esprit de ménage du fond de leur cœur, retrancher cette activité[56] de leurs actions qui fait voir de la passion dans les soins qu'elles se donnent ; je voudrois qu'une legere perte impreveüe ne surprît jamais jusqu'à fâcher, que ces petites portions de bien que mille incidens retranchent, ne retranchassent rien du repos. Il seroit agreable de voir une femme sage et reglée, toutes celles qui se piquent de l'être, n'ont d'autre merite que de la finesse à acquerir, de la fermeté pour conserver, et de l'apprehension pour perdre ; on les voit emploier tous les ressorts de leur esprit à trouver des moiens d'augmenter leurs revenus, se donner toutes les peines imaginables pour conserver ce qu'elles possedent ; et se chagriner jusqu'au desespoir dans la veüe des dépenses d'obligation et des malheurs qui peuvent arriver. Si bien que le tems passé fait leurs regrets, le present leurs chagrins et le futur leur crainte. Tourmentées par le cœur et par l'esprit, elles n'ont des yeux que pour la fortune, tout ce qu'elles font est par rapport à elle, et jusqu'aux œuvres de pieté même sont[57] interessées dans l'intention. Elles esperent de leurs prieres la prosperité de leur maison. Et cela est si vray que lors que les devoirs de la religion s'opposent à ceux de leur économie ; on retranche un peu des premiers, pour ne rien ôter des seconds, et on ne se fait pas scrupule en fait de ménage de prendre soin de sa maison, avant que d'en prendre de son salut. Le calme d'une conscience avare est un état

[56] Var. ... cette vivacité de...

[57] Var. ... même, elles sont...

digne de compassion, aucun trouble ne la réveille de cette letargie d'intérêt qu'elle accorde avec sa raison, quelquefois même elle rend grace à Dieu de cet état funeste, comme d'un don de sa misericorde, le remerciant souvent moins du bien qu'il lui a donné, que de l'amour qu'elle porte à ce bien qu'elle a reçeu ; car la reflexion que sa charité lui fait faire à la veüe d'un malheureux dans l'indigence n'est autre, que la resolution de bien conserver ce qu'elle a, crainte[58] d'y tomber. Une femme avare cherche par tout quelqu'un plus avare qu'elle, afin de le prendre pour modéle et le donner pour exemple : et la suite de ce soin est de fixer sa perfection à porter l'avarice jusques aux derniers excès, et à l'exercer sur toutes choses dans son domestique, retranchant une partie du necessaire, ne donnant de nourriture que ce qu'il en faut pour faire languir et non ce qu'il en faut pour vivre, se refusant à soi-même tout ce qu'elle pourroit accorder aux autres sans se faire tort et menant une vie miserable sous ce prétexte honnête de l'économie. Prétexte qui la trompe en abusant les autres et qui lui fait faire des choses honteuses dont elle tire gloire en secret, se loüant en elle-même de mille lâchetez qui lui épargnent quelque argent et qui lui coûtent plus d'honneur qu'elle n'a de bien. Point de raisons ni de Christianisme quand il s'agit de son propre interêt. Elle oublie les droits du sang, de l'amitié et de la reconoissance dès qu'il s'agit de l'utilité et que la fortune est intriguée dans l'affaire. Elle ne se souvient point de tout ce qu'elle doit faire, mais de tout ce qu'elle doit avoir, et l'interêt seul juge toutes ses affaires et regle toute sa conduite. Une femme économe ne fait bon visage à ceux qui vont chez elle par rapport au profit qu'elle en tire. Le droit d'aînesse de bienveillance et d'amitié est toûjours pour le plus heureux de ses enfans. Sa douceur dans son domestique est pour celuy qui lui coute moins quoiqu'il serve plus mal qu'un autre. Et sa distinction parmi ses amis, est en faveur du plus opulent, parce qu'il ne sçauroit être à charge et qu'elle se promet de son credit et de sa faveur des services, dont elle exprime la grandeur par la civilité qui les cherche, et dont elle marque la petitesse par l'oubli qui les fuit. Voilà la source et le principe de l'économie d'aujourd'huy qui a besoin de la regle pour se corriger. Elle suit ce chapitre.

[58] Var. ..., de peur d'y...

VIII. La Regle[59]

L'Ordre est si necessaire que les Monarchies, les Republiques, les Communautez, et les Maisons particulieres ne subsisteroient pas long-tems si la Regle qui s'y observe n'étoit la source de cette regularité de mœurs et de cette économie de dépense qui s'y pratique. C'est la regle qui maintient le repos, la santé et la fortune ; on ne se trouble point de mille inquietudes, quand on regle ses affaires et son tems ; on ne s'oppose point à la bonté de son temperament quand on prend le sommeil et le repas avec moderation et l'on n'épuise pas sa bourse quand la regle fixe les depenses. Cette regle équitable ne permet pas d'aller plus loin que ses forces quand on la consulte de bonne foy ; on met bon ordre à son état et il est rare de mourir chagrin, infirme ou pauvre quand on l'a toûjours pratiquée ; elle est cette vertu qui concilie l'autorité et la licence, l'avarice et la prodigalité et qui par l'aproche de ces deux choses opposées, fait une bonne chose de deux mauvaises

---

[59] Nous soupçonnons Madame de Pringy de s'être fortement inspirée de quelques pages tirées d'un petit traité anonyme, publié en 1692, sous le titre *La veritable politique de personnes de qualité*, écrit par Rémond des Cours (?-1716)[d'après Barbier], Paris, Jean Boudot, 1692. Nous reproduisons ce texte afin que l'on puisse remarquer le parallélisme avec le chapitre de Madame de Pringy.

« Régler la dépense. Il est absolument necessaire de proportionner sa dépense à son revenu, si l'on veut se maintenir avec honneur dans le monde. Quelle estime a-t-on pour des gens qui dissipent leurs biens, & qui sont toujoûrs assiegez par leurs creanciers ? Celuy-là se trompe qui veut passer pour liberal, & qui pretend s'avancer à la Cour par une dépense excessive. Le Prince, & ses Ministres jugent aisément qu'un homme qui ne sçait pas ménager son bien, ni régler ses affaires domestiques, n'est guére capable de ménager les interest de l'Etat, de commander des armées, ou d'établir le bon ordre dans les Provinces. De là vient que ceux qui dépensent beaucoup au delà de leur revenu, pour satisfaire quelque passion dominante, comme la chasse, le luxe, la débauche, le jeu, n'obtiennent point d'employ considerable ; ainsi les talents qu'ils peuvent avoir, leur sont inutiles, parce qu'ils n'ont pas occasion de les employer. L'avarice est odieuse sans doute : il n'est point de vice, qui marque plus de bassesse d'ame que celuy-là ; mais si la prodigalité est moins à blâmer dans son principe, elle est plus à craindre dans ses effets. Il y a pourtant des rencontres où la profusion n'a rien que de loüable : Comme lors qu'il s'agit de l'interest de la Religion, du bien public, ou du service d'un ami. Si l'on excepte de pareilles conjonctures, il faut user d'une sage œconomie, & retrancher toute dépense superfluë : C'est le vray moyen d'être toûjours en état d'avoir les choses necessaires, de vivre honorablement dans sa condition, & de se soûtenir de soy-même » (p. 151-153).

et empêche l'excès où ces vices differens portent chaque particulier selon son temperament. Elle n'est pas seulement necessaire à chaque famille, à chaque personne ; mais encore à chaque chose que nous faisons. Il est bien difficile qu'un don, un achat, un paiement soient bien faits, s'ils ne sont selon la regle, qui prescrit d'acheter les choses ce qu'elles valent, de paier ce qu'on doit, afin qu'une équité particuliere de chaque œuvre rende la masse de nos actions juste et le cours de la vie heureux ; car le consentement le plus parfait est celui de la tranquilité de l'ame et cette joie complette ne sçaurait subsister où regnent le crime et le vice, et c'est[60] le partage d'une conduite dereglée, la haine des bonnes choses et l'habitude des mauvaises. L'excès est la seule chose qui plaise à un esprit où la raison ne domine pas : et la raison est trop amie de la regle pour rester compagne du vice, elle le chasse ou il la détruit ; c'est un combat qui ne dure guere, car le plus fort l'emporte et le plus sage s'enfuit. Le vice en use en tyran et la raison en victime, et la suite de ces mouvemens passionnez est un remords causé par le crime ou par le malheur. Le dereglement n'éloigne pas moins une ame de la justice et de l'honneur que de la vertu ; car un esprit ou un cœur qui se laisse emporter par la violence du penchant qui soûmet sa connoissance[61] et sa volonté aux plaisirs de son inclination et qui ne regle ses actions que par les mouvemens du déréglement, que fait-il par ce desordre universel ? sinon de communiquer à toutes ses affaires les malheurs de son ame et de se faire une confusion dans laquelle il confond la voie de la verité avec le chemin du mensonge et s'égare de nouveau par le déréglement d'une reflexion qui l'afflige. Il n'est plus capable de cet heureux retour du peché à la grace, du trouble au repos, il lui faut des conseils étrangers pour regler ses propres affaires et il est moins habile sur ses interêts, lui qui les sçait, que celui qui les ignore. La source de ce desordre est d'avoir abandonné la regle qui fixoit ses devoirs et d'avoir donné dans des passions qui dérégloient sa conduite et sa maison. Ce déréglement perd les uns par l'abondance, et les autres par l'avarice. Les hommes sont sujets à ce premier défaut, ils s'abandonnent aux joies de ce monde et sans reflexion (ils) donnent à leurs plaisirs tous les moyens de leur fortune. Quelquefois ils trouvent ces mêmes plaisirs

---

[60] Var. ... vice. Le partage...

[61] Var. ... son entendement...

dans des dehors pompeux d'un éclat imaginaire, et quoiqu'il en coûte à la conscience et à la bourse ils n'épargnent rien pour dérégler l'état de leur équipage en augmentant leur train et leur ambition. Pour les femmes à qui l'esprit d'avarice est naturel, leur déréglement est bien different. Elles n'augmentent rien chez elles que le vice. Leur épargne leur fait retrancher toutes choses ; et leur regle consiste dans des diminutions perpetuelles dont la pratique leur devient coûtume, et pour changer leurs maximes, c'est en vain que la regle crie par toute la maison. Rien ne les touche, un malade mal soigné, un enfant mal vêtu, un valet mal paié et mal nourri, tous ces déréglemens n'ont point d'effet sur leur opinion. Elles mêmes souffrent de leurs épargnes et croient en devoir souffrir ; et pourveu qu'il ne se dépense rien de superflus, deut-on retrancher la dépense necessaire, tout paroît bien reglé pour elles. Ce ne sont pas là les loix qu'une regle équitable veut que l'on observe ; si elle défend l'excès, elle ne défend pas moins l'épargne ; si elle abolit les festins, elle ordonne les repas et quand elle retranche les mets superflus ; ce n'est pas pour ôter les alimens necessaires ; si elle s'oppose à la magnificence, elle est amie de la propreté et son principal ordre est de borner chacun à sa condition et de permettre tout ce qui se peut faire sans sortir de son état.

Reglez votre vie sur celle de Jesus-Christ et vôtre charité pour les pauvres, moins sur ce que vous avez receu de biens que sur ce que vous avez receu de grace, et si la regle vous étoit inconnüe elle vous sera bientôt familiere par ce moyen.

IX. Les Joüeuses

Le jeu est une dangereuse passion, quelquefois il fait perdre en un jour, plus qu'on ne peut dépenser en une année, et la maison la plus riche et la mieux reglée ne sçauroit tenir contre la dissipation d'une joüeuse, qui pour son plaisir perd son repos, et à qui le jour entier ne suffit pas pour ses parties, il faut encore que la nuit s'en mêle et que toute sa vie ne soit qu'un tissu de jeux perpetuels. Une femme à qui un mauvais naturel a donné cette inclination, à qui l'habitude a fortifié le[62] penchant et qui s'en est fait une coûtume, n'a point d'autres

[62] Var. ... ce penchant...

desirs, neglige tout autre soin, et par une préoccupation passionnée se fait une loi, un honneur et une régle de son jeu. Elle en consulte les devoirs et les remplit parfaitement : elle en suppute les dépenses et y fournit entierement : elle en aprouve les ordonnances et les observe réguliérement. C'est pourquoi on la voit rarement aux Eglises, aux visites de bienseances, ni chez elle. Elle renonce par la profession de jouëuse à la pieté, à l'honnêteté et à la regularité, elle ne sçauroit fournir aux obligations de tous ses devoirs quand sa passion lui en impose d'autres, qui sont si pressans, si actifs et si continuels, qu'il ne lui reste du tems, du goût, ni de l'amour pour rien autre chose. Elle ne hait les autres divertissemens que par l'amour du jeu. Elle n'épargne toutes choses que pour la dépense du jeu, et ce n'est qu'à ces tables qui causent la perte du bien, en donnant l'avidité des richesses, que toute la joie de leur ame se répand avec profusion. Le divorce que l'intéret y fait naître par les disputes[63] n'est qu'un sel pour réveiller leur avidité. Leur colere est amie de leur joie, elles ne s'emportent que pour se tranquilliser, elles ne se tranquillisent que pour s'emporter plus souvent. C'est dans ces mouvemens opposez qu'elles trouvent leur santé et leurs plaisirs et on ne les voit jamais plus contentes que dans le tumultes des academies, où l'intéret, l'avarice et la trahison regnent dans un nocturne empire. C'est là où leur passion se fortifie, leur bourse se vide et leur vie s'écoule. C'est là où une femme perd toutes les idées de la vertu et où mille passions honteuses se glissent sous le voile de cette passion publique ; on y donne des rendez-vous pour la volupté aussi bien que pour l'intéret. Ces assemblées criminelles favorisent le demon de l'impureté autant que celui du blasphême. La fureur et la débauche s'y trouvent et parmi cette effroiable societé une honnête femme se pique de tenir sa place et se fait une reputation dans le monde d'être du nombre de celles qui joüent. Il semble même qu'elle tire gloire des malheurs qui la punissent publiquement de son desordre. Car elle se vante hautement des pertes qu'elles a faites, elle s'en veut faire un merite pour s'en consoler et ne songe jamais que ce superflus, qu'elle abandonne au sort, est un dépôt que la providence lui a confié pour le soulagement du pauvre. Mais comment l'interêt de sa

---

[63] « Car que serais-je si je parlais d'une femme qui, dans un jeu, dont les plus fortes remontrances ne l'ont pu déprendre, dissipe d'une part tout ce que le mari amasse de l'autre ; qui se tient en embuscade pour le tromper, et détourne pour son jeu tout ce qui peut venir sous sa main ? » (Bourdaloue, *op. cit.*, t. II, p. 132).

religion et de son prochain seroit-il capable de la toucher et de guerir sa volonté, puisque des raisons plus sensibles quoique moins fortes ne font aucun effet sur son cœur. Sans se borner au superflus, elle dissipe son necessaire et la veüe d'un mari chagrin, de plusieurs enfans malheureux, d'une maison ruinée et de tous les maux où elle s'expose, ne suffit pas pour la rendre sage. Il faut que la pauvreté la banisse plûtôt du jeu, que la raison ne bannit le jeu de son cœur, et qu'elle soit la risée de tout le monde avant que de le quitter. Quel aveuglement, quelles tenebres, les passions répandent dans une ame ? Elle ignore jusqu'aux maux qu'elle souffre et quand elle ne peut plus guerir ses passions ni les satisfaire, c'est alors qu'elle examine son état ; et l'impossibilité[64] où elle est de continuer sa mauvaise conduite la lui fait connoître, elle voit un nombre de malheurs causez par une seule passion, elle apperçoit les suites des mouvemens déréglez du cœur, mais cette connoissance ne l'éclaire qu'à demi, elle hait les effets dont elle aime encore la cause et son plus grand regret n'est pas d'être malheureuse, mais de ne pouvoir plus se la rendre, et d'être reduite à connoître un mal qu'elle aime toûjours. Car enfin nous voions bien des gens revenir de l'exercice du jeu, mais nous n'en voions point revenir de l'affection qu'ils lui portent ; on cesse de joüer, on ne cesse pas d'aimer le jeu et ce fond d'injustice qui nous reste, se garde pour renouveller sa fureur à la premiere occasion qui se presente et pour nous arracher le peu que la providence nous renvoie ; on en voit qui se tourmentent et se donnent des peines infinies et tout le fruit de leur labeur est immolé sur une carte. Ils travaillent un mois pour joüer une heure et leur travail est aussi coupable que leurs plaisirs, ne faisant l'un que pour l'amour de l'autre et cette préoccupation les rend également passionnez dans tous les momens de leur vie. Si une femme Chrétienne sçavoit l'extremité où conduit cette passion et la difficulté d'en sortir quand elle s'y engage ; on ne la verroit pas se permettre ce dangereux exercice et regarder comme coupables tous les autres divertissemens, pendant qu'elle se tolére celui-là comme innocent. C'est la plus seduisante passion, parce que son commencement est approuvé de tout le monde, elle n'est blâmée que dans son dernier excès et personne ne croit y arriver. Son regne, qui commence sous

---

[64] Var. ... état. L'impossibilité...

prétexte de recréation, s'accroit si imperceptiblement que souvent ce plaisir devient necessité et d'une heure que l'on y emploie, on y passe toute sa vie et ce trajet de passion on le fait sans qu'on y pense et on y pense encore moins quand on l'a fait. Car le tems s'y écoule avec tant de facilité que faute de s'en apercevoir la perte est sans ressource, le terme de la vie finit et l'éternité commence. Ce grand tissu de jours se trouve achevé sans que la vertu ni l'occupation en ait rempli le cours et de tant de momens dont nous étions les maîtres, il n'en reste plus qu'un pour regretter les autres. Ce dernier a une plenitude de lumiere pour nous punir, sa petite espace[65] renferme l'idée de toutes les autres, et la veüe de cette infinité de momens passez, nous fait sentir l'éternité des siécles à venir, pendant lesquels nous répondrons de chaque minute de nôtre vie. Si tous nos instans sont contez, combien les devons nous ménager pour nôtre perfection, et si toute la vie doit être une priere perpetuelle, faisons que les momens où nous cessons d'être élevez jusqu'à Dieu ne soient pas des momens d'oisiveté, mais que l'occupation les rende utiles et vertueux et que le tems ne soit jamais inutile pour le salut.

X. L'Occupation

L'Oisiveté est de toutes les inclinations naturelles la plus mauvaise et la plus dangereuse. Elle conduit à tout ce qui est de plus imparfait et de plus criminel. Et il est rare qu'une personne née avec cette malheureuse disposition ait beaucoup de raison et de vertu ; c'est ce qui fait que l'occupation est si necessaire à tout le monde, il ne faut pas qu'il y ait un moment de vuide dans la vie d'un honnête homme ni d'une femme sage. C'est pourquoi non-seulement une femme raisonnable doit remplir ses devoirs, il faut qu'elle remplisse son tems et que tous ses momens pesez au poids du Sanctuaire[66] soient des momens pleins, qu'elle commence son travail avec sa vie, que sa vie soit une action continuelle pour la gloire de son Dieu et que si les

---

[65] Furetière met « espace » au masculin, mais au XVIe siècle, le mot était soit masculin, soit féminin (La Curne). Dans l'édition de 1699 on lit : « son petit espace ».

[66] Voir Furetière : « On dit, Examiner quelque chose au poids du Sanctuaire, pour dire, à un poids juste et exact, etc. ».

differens âges, qui la composent, en changent les occupations, que ce ne soit que pour les rendre plus vertueuses, plus nobles et plus étendües ; qu'on ne voie jamais une femme Chrétienne dégagée de soins. La providence lui a imposé un perpetuel travail aussi bien qu'aux hommes, en lui laissant celui de son salut : il lui faut pour le remplir une vigilance zelée qui la retire du funeste repos de l'amour propre. Il faut être animé quand on est convaincu, et l'on ne manque guere de courage, quand on ne manque point de foi ; c'est le fond du cœur qui est gâté, et ce fond de corruption est la source de cette vie mole que menent les femmes du siecle. Si la religion étoit cruë, elle seroit pratiquée, mais on la professe sans la connoître, on la connoit sans la croire, on la croit à demi sans la pratiquer et cette multitude de desordres rend l'ame tiede pour les choses de l'éternité. Il ne faut pas se surprendre si une femme qui n'a pas plus de religion qu'une autre a plus d'amour propre qu'il n'en faut et si elle cherche le plaisir plûtôt que l'occupation[67].

L'oisiveté est la voie du crime et de la volupté, et s'il est plus difficile de plaire aux hommes qu'à Dieu, il est plus facile aux femmes de chercher à plaire aux hommes que de faire toute autre chose. Ce desir les entretient dans une vie sans action, et pour rectifier ce penchant malheureux qui les porte au monde, il faudroit que le cœur fut touché d'une onction divine et que la grace fit un effet extraordinaire en leur faveur. Mais cette grace n'agira point sans elles, il faut concourir à la vertu divine, il faut commencer sa conversion si ce n'est en quittant d'abord le crime, c'est en quittant l'oisiveté, cause premiere de toutes les passions qui nous rendent coupables. C'est pourquoi point de divertissement, point de repos, que la priere commence et finisse le jour, il ne s'agit pas seulement de travailler, il faut travailler pour Dieu. On ne se lasse jamais quand l'intention nous anime, et le moien d'agir efficacement et constament est de songer que le tems est la voie de l'éternité, que sa perte est irreparable et que de s'amuser dans la voie du tems, c'est s'éloigner du chemin de la vertu. Ce même tems est d'une durée infinie, lors qu'il faut souffrir dans ses espaces, il est d'une promtitude inexprimable, quand le plaisir en remplit les momens ; mais pour ceux qui ne le remplissent de rien, il est ce vide

---

[67] Ce thème de l'amour-propre sera amplement développé dans *La Description de l'amour propre*. Voir plus loin.

qui comprend leurs desordres, et qui attire leur condamnation. Terme court et inconnu ! moment précieux et funeste ; tems de qui dépend l'éternité, serez vous toûjours oublié, toûjours negligé et toûjours passé sans utilité et sans vertu ; L'interest et le plaisir seront-ils sans cesse la cause de toutes les démarches ; n'agira-t'on que pour s'enrichir et pour se satisfaire ? L'avarice et la volupté regneront elles toûjours souverainement au fond du cœur ? Passera-t'on sa vie à servir sa fortune ou à perdre son bien et ne sçauroit-on par un genereux effort separer la volonté du penchant, satisfaire les besoins de la nature sans contenter ses desirs et régler ses momens d'une maniere qui les exemte du crime et de l'oisiveté. Il n'est point d'état qui n'aye besoin de tout son tems pour en remplir les devoirs, et c'est autant d'instans volez à ces mêmes devoirs que tous ceux qu'une femme passe au jeu, n'y[68] eut-il que cette faute qui la rende coupable, elle l'est infiniment ? si ce n'est pas du mal qu'elle a fait, c'est du bien qu'elle a negligé, et l'ômission du bien n'est pas moindre que l'œuvre du mal, et c'est une verité fort ignorée. On se repose sur l'innocence apparente de son oisiveté ; on s'aplaudit comme vertueux ; parce qu'on n'agit pas comme criminel ; et dans les jours d'une vie tiede condamnée par Jesus-Christ on se promet les recompenses de l'éternité reservées à ces violens marqués par l'écriture qui s'arrachent à tout et qui agissent toûjours pour la gloire du Seigneur[69]. Zele d'action, empressemen vertueux, dessein de la providence, occupation qui estes inconnüe aux libertins et negligée par les Sages ? Il n'est plus tems de vous connoître quand on ne peut plus vous pratiquer : et l'on ne peut plus vous pratiquer quand il ne reste plus que le tems de vous connoître. On ne vous neglige pas sans danger, puisque l'on ne peut constament éviter le crime et conserver la vertu que par vôtre secours. Vous estes si necessaires à la vie chrétienne que celles[70] qui veulent se donner à Dieu de bonne foi et renoncer aux maximes du siecle, ne doivent pas nous quitter un moment, il faut que leur vie soit une occupation

---

[68] Var. ... au jeu. N'y eut-il...

[69] « Et quiconque a laissé maison, frères, sœurs, père, mère, femmes, enfants ou champs à cause de mon nom, il recevra plusieurs fois autant et héritera de la vie éternelle. » (Matthieu, XIX, 29). Cfr. Marc, X, 29 et Luc, XVIII, 29-30.

[70] Var. ... ceux...

continuelle et que leur temps soit rempli afin que leur éternité soit heureuse.

XI. Les Plaideuses

Si la tranquilité de l'ame et le repos du cœur est une felicité complete, le trouble et l'inquietude continuelle doivent être un mal veritable ; et c'est le partage de ceux qui plaident et sur tout des femmes, qui plus sensibles à tout ce qui les touche, que ne sont les hommes, s'inquietent, s'épouventent, s'affligent et se troublent plus aisément. Quand leur interest blessé les porte à deffendre leurs droits et que la justice d'accord avec leur humeur, fait qu'elles s'abandonnent à leurs propres affaires et se livrent en proye au soin d'un temporel qui les occupe toutes. Vous les voyez sans relache donner tout leur tems, tous leurs soins, tout leur esprit et souvent tous leurs vrais biens, pour en conserver d'autres dont elles ne jouissent qu'en speculation. Quand une fois le cœur a pris goût dans un interest disputé, et que la difficulté a reveillé le desir, que l'habitude a commencé à fortifier l'inclination, et que l'occasion offre une fortune ou quelque offence qui anime, le moyen de ne pas plaider ! on se fait un plaisir d'anticipation ; on conte sur ce que l'on souhaite, le desir asseure de la possession, et sur ce fondement on agit, on travaille, on fait joüer tous les ressors que l'imagination peut fournir pour faire reüssir ce que l'on projette ; on emploie tout pour un rien qu'on s'est imaginé, et on ne se reproche ni sa faute ni son ignorance, quand tout nous fait confusion. Au contraire quand la malice, l'injustice ou l'interest ont fait jour à une femme dans la jurisprudence et qu'elle commence à connoistre les voies par où il est permis de disputer selon les loix humaines, elle s'aplaudit et cette restriction de son ignorance augmente, on ajoûte la superbe à ses autres deffauts ; quelquefois même sa prévention lui fait continuer des procès où son interest n'a plus de part et elle plaide moins pour gagner que pour paroistre et pour contenter sa vanité. C'est une chose insupportable qu'une femme qui sçait le Droit par pratique et qui par une discussion d'affaires conduites selon les régles s'est instruite de cent differens tours de chicane où elle s'est laissée surprendre et qui luy ont encore moins fait perdre de biens que d'esprit ; car l'effet naturel du procès est de renverser la cervelle, si ce n'est par la folie ; c'est par l'entétement, et les femmes soutiennent ce mouvement d'esprit par merveille. Le trouble des affaires leur sert d'occupation et ce qui les applique d'abord, les divertit dans la suite. Elles goûtent par une certaine inclination secrette qui leur est propre plus de joye dans le divorce que dans la paix ; c'est pourquoy l'application du procès est une occupation agréable pour elles. Elles nourrissent, elles réveillent, elles contentent toutes leurs passions par ce moyen. L'intéret, la haine, la médisance, l'amour propre, la volupté même y trouve son conte. On cherche à plaire, on plaît, les charmes ne sont pas inutiles ; on met tout en usage pour engager les Juges dans son interêt ; la beauté emprunte le secours de l'art, l'esprit n'épargne rien de son fond pour piquer, pour toucher, pour fléchir le cœur du Magistrat de qui dépend l'affaire[71], et tout ce qu'il en coûte à la verité, à la sagesse et à la vertu, est conté pour rien pourveu que l'on gagne sa cause. Cent crimes que l'on ne sçauroit ignorer et commettre sont attachez à la poursuite d'une affaire ; mais cent autres que l'on ignore en les commettant mettent le comble au desordre de l'ame et la rendent coupable sans retour. Les haines délicates que le tems et l'éloignement avoient presque ensevelies dans un oubly éternel, se ressuscitent sous pretexte de quelque interêt que l'honneur engage à soutenir, et ce premier pas, qu'une passion cachée nous fait faire, semble nous obliger à mille autres démarches criminelles. Pour faire croire la verité que l'on avance, on l'exagere jusqu'au mensonge ; et

---

[71] Il est possible que Madame de Pringy ait lu *Le Roman bourgeois* de Furetière, publié la première fois en 1666, et qu'elle en ait retenu le portrait de Collantine (la Comtesse de Crissé, a-t-on dit*, qui fournit à Racine le modèle de sa comtesse de Pimbesche, dans *Les Plaideurs*) : « Son adresse à cajoler des clercs et à courtiser les maistres estoit aussi extraordinaire, aussi bien que sa patience à souffrir leurs rebuffades et leurs mauvaises humeurs ; toutes qualitez necessaires à perfectionner une personne qui veut faire le metier de plaider » (p. 1030).

* Dans l'édition citée de 1717 des *Œuvres de Mr. Boileau Despreaux*, le nom de la Comtesse de Crissé revient deux fois. Une première fois dans une remarque sur le vers 105 de la *Satire III* (1666), où il est dit que « La Comtesse de Crissé étoit une Plaideuse de profession, qui a passé toute sa vie dans les Procés, & qui a dissipé de grands biens dans cette occupation ruineuse » (t. I, p. 49). On y apprend également qu'elle aurait été le modèle de la « Comtesse de Pimbêche » dans la comédie de Racine. Elle réapparaîtra dans la *Satire X*, vers 725 et ss.(p. 203). Voir aussi Antoine Adam, *Histoire...*, t. IV, p.353. On se rapportera également à l'abbé de Bellegarde : « Leurs charmes sont d'un grand secours pour flechir des Juges, & pour les engager dans leurs intérêts. » (*op. cit.*, p. 401).

pour détruire le mensonge de ses parties, on calomnie jusqu'à leur personne : et par le droit que l'on a sur quelque interest temporel, on prend droit sur toutes choses et on se promet de dire tout ce qu'on sçait, d'imposer ce qu'on veut, et de tout faire pour conserver ce droit, qui n'est souvent qu'imaginaire. Le tems n'est point conté, les soins ne sont point negligez, l'argent n'est point épargné, la santé n'est point conservée, et l'ame n'est point regardée. C'est le plus oublié que le point du salut sur l'article d'un procès, sur tout aux femmes qui prévenües par l'envie, animées par l'interêt et fortifiées par la haine, ne démordent point de leurs sentimens. Les meilleures raisons qui les condamnent, ne peuvent les convaincre, ce qu'elles entreprennent en leur faveur leur paroît toûjours juste, et rarement un procès se termine par accommodement, quand ce sont des femmes qui le poursuivent. Elles se font d'une affaire un tissu d'occupations et de plaisirs, les differentes situations de l'affaire font un agrément de nouveauté qui les dédommage de leurs peines : leurs passions s'y exercent tour à tour, et la fin de leur vie précede celle du procès, leur entreprise imparfaite est un regret qu'elles emportent à la place des vertus qu'elles ont negligées, et le soin de leurs procès en cette vie va terminer l'affaire de leur salut en l'autre.

Si une femme Chrétienne examinoit les engagemens funestes où ses soins la conduisent, elle ne plaideroit pas avec tant de facilité, la perte du tems, l'éloignement de Dieu, l'oubly de soi-même, mille autres motifs retiendroient sa vivacité interessée et crainte de perdre son ame, elle ne la risqueroit pas pour conserver son bien. Ce n'est pas seulement la vertu qui s'efface, l'honneur, la bienseance, l'honnêteté, toutes les bonnes qualités se détruisent, où l'amour du procès domine. Plus de justice pour les autres, plus de respect pour les rangs, plus d'égard pour les âges, le seul amour propre fait tout oublier. On ne songe qu'à soi ; on ne parle que de soi ; on accable tous ses amis de la préoccupation dont on est enivré[72], cette même préoccupation ôte la liberté d'écouter leurs avis, plus leur raison veut nous éclairer, plus l'obstination se fortifie : et en voulant nous aprocher de la verité et de la justice, ils s'éloignent de nostre estime et nous negligeons leur merite, parce qu'ils nous découvrent nos défauts. Nous voulons être

---

[72] Var. ... enivré. Cette...

flattez dans nos erreurs et de toutes les erreurs la plus dangereuse est celle que l'on choisit, que l'on examine, que[73] l'on reflechit, qui nous entretient, qui nous occupe, qui nous trouble, qui nous satisfait, qui nous flatte, qui nous vange, qui nous enrichit et qui nous dure en nous plaisant. Voilà l'image du procès et tout l'effet qu'il fait sur le cœur d'une femme. Il ne faut pas s'étonner des maux qu'il cause, mais il faut les prévenir, les éviter ou les guerir. La paix en a tous les moyens, c'est elle qui sçait, qui peut et qui fait le repos du cœur et de l'esprit. Elle aprend à conserver son bien sans procès, ou à plaider sans offenser Dieu.

XII. La Paix

La paix est un bien que l'on cherche. On ne connoît pas les charmes qu'elle possede, quoyque l'on s'empresse pour les biens qu'elle procure et faute de sçavoir le prix de son repos, on ne trouve jamais le terme de sa perfection. Il faudroit être instruit de ses qualitez et de ses effets, de ce fond de beauté qu'elle posséde, de ce fond de bonheur qu'elle donne et de cette felicité douce et tranquille qui ne se rencontre qu'avec elle ; pour la chercher avec effet et la trouver avec facilité. Quelle foiblesse dans le trouble d'une vie tumultueuse, pleine de soins que l'esprit embrasse avidement, s'imaginer trouver cette paix heureuse qui n'est autre qu'un don de Dieu, un sentiment de la divinité, un état où la puissance des choses étrangeres n'agit plus et qui éclairé, separé, détachée des choses du monde s'est élevé au dessus de la crainte et du desir qu'elles font naître. Voilà en quoi consiste la paix dans une vertu raisonnable, ou dans une raison vertueuse qui comprend une volonté droite et un jugement sain, un cœur solidement attaché à ses devoirs, un esprit fortement convaincu de la vérité et qui la voit, la suit et l'aime par tout. La droiture de l'esprit et du cœur n'est pas au dessus de nous comme l'on se l'imagine. Il ne nous est pas libre d'élever nos connoissances jusqu'à certaines étendües, mais il est possible de les redresser jusqu'où elles doivent être. Et si la grandeur des lumiéres dépend de la providence qui partage differament le sens commun, la droiture et la verité dépendent de la violence que l'on fait

[73] Var. ... examine, sur qui l'on...

à la passion qui s'oppose à leur effet. Toute personne peut être parfaitement raisonnable si elle le veut ; de sa volonté dépend sa raison, et de sa raison dépend la paix qu'elle cherche[74]. Au fond d'un cœur dissipé de mille embaras, au sommet d'un esprit traversé, entraîné, séduit par cent erreurs on ne rencontre point la paix ? Dans l'engagement d'une ame emportée par son penchant qui se donne sans scrupule à l'attrait d'une passion cachée, on ne la trouve pas encore ? son divin repos est opposé aux mouvemens humains qui nous troublent. Et pour joüir d'une paix veritable, il faut veritablement la chercher et la chercher dans la verité. La veritable paix consiste dans le repos de l'ame que rien ne peut troubler, il faut être dégagé de ces sentimens inquiets qui occupent toute nostre vie, de cet interest qui nous promet de[75] tout entreprendre, de cet amour propre qui nous prévient et qui nous rend sensibles à tout. Et cette voye qui nous conduit à la paix, est un chemin détourné que la volonté ignore. Le trouble de la fortune a des appas qui effacent le repos de l'indigence, et l'on sacrifie aisément sa tranquillité pour son bien, sans songer que tous les biens du monde ne valent pas un moment de tranquillité, de cette tranquillité que rien n'altére, de cette paix que l'esprit goûte, que le cœur aime et qui ne regne dans une ame chrétienne que pour lui faire sentir par avance cette immensité du repos éternel qui lui est preparée. Repos, tranquillité, paix qui ne permet ni la vigilence passionnée, ni la haine meritée, ni la confusion des affaires, ni le trouble des disputes, ni la dissipation du tems et qui communique par sa douceur une indifference pour les richesses, une bienveillance pour le prochain, un amour pour la justice, qui fait qu'on évite tout ce qui peut troubler. Et comme le procès expose une ame à cent dangers nouveaux d'offencer Dieu, elle les fuit au péril de sa fortune, et quand elle s'y trouve engagée malgré elle, elle les soûtient, elle les poursuit, elle les termine, fondée sur la verité. Son cœur également paisible dans l'occupation que lui donne une affaire, n'employe que des moyens permis pour la gagner ; parce qu'il est exemt de cette crainte servile et criminelle de perdre, que l'intéret fait naître dans ceux à qui la paix est moins chére que la fortune.

---

[74] Var. ... Toute personne qui veut estre parfaitement raisonnable conduit sa volonté par sa raison & fait dépendre de sa raison la paix qu'elle cherche.

[75] Var. ... nous porte à...

Historique du concept d'amour-propre au XVIIe siècle[1]

L'amour-propre, en tant que tare indélébile, avait perdu une large part de sa connotation péjorative au moment où Madame de Pringy écrit son petit traité où elle le caractérise d'abord d'une façon générale, quitte à le rattacher ensuite au caractère des femmes de son temps. Depuis le début du XVIIe siècle, c'est-à-dire à partir du mouvement contre-réformiste, l'amour-propre a surtout été envisagé et jugé sous un angle strictement augustinien, donc théologique, et a dès lors été condamné comme étant le pire péché de l'humanité.

Sinon la première, du moins la source majeure de la préoccupation spirituelle avec le péché de l'amour-propre fut sans nul doute François de Sales, d'abord dans son *Introduction à la vie dévote* (1609), puis dans son *Traité de l'amour de Dieu* (1616). Contrairement à la plupart de ses contemporains ou de ses successeurs, François de Sales fit cependant une distinction subtile entre un amour de soi, admissible, et un amour-propre répréhensible si celui-ci excluait la charité et l'amour de Dieu. En effet, il écrit :

> Il faut aimer le prochain comme soi-même [Matthieu, XXII, 39] : pour montrer qu'on l'aime, il ne faut pas fuir d'être avec lui, et pour témoigner qu'on s'aime soi-même, on doit demeurer en soi-même quand on y est[2].

---

[1] Nous avons consulté une thèse non publiée, intitulée *The Augustinian concept of « amour-propre », 1597-1694* (London, Canada, 1968), par David Westgate. On trouvera deux développements de chapitres dans D. Westgate, « The concept of amour-propre in the *Maximes* of La Rochefoucauld », *Nottingham French studies*, vol. VII, 2, 1968 ; et « The Augustinian concept of amour-propre and Pascal's *Pensées*, *Nottingham French studies*, vol. X, 1, 1971. Une étude indispensable ici reste celle de Philippe Sellier, « La Rochefoucauld, Pascal, saint Augustin », *RHLF*, 69e année, 3-4, 1969 ; voir aussi Jean-Claude Tournand, *Introduction à la vie littéraire du XVIIe siècle*, Paris, Bordas, 1970, chapitres 3 et 4 ; enfin, rappelons le très long article de base de R. Daeschler, consacré au concept de l'amour-propre, dans le *Dictionnaire de spiritualité ascétique et mystique*, Paris, Gabriel Beauchesne et fils, 1937, t. I., p. 533-544.

[2] François de Sales, *Œuvres, Introduction à la vie dévote*, IIIe partie, chapitre XXIV, « Des conversations et de la solitude », (d'après l'édition de 1619) p. 200.

Il y a pour ainsi dire dans ce propos une légitimation de l'amour de soi-même. Par ailleurs, lorsque François de Sales parle expressément de l'amour-propre, le ton se fait plus réprobateur, comme il ressort de cette exhortation à Philotée, où il différencie nettement l'amour de soi-même de l'amour-propre :

> Comme vous aimez-vous vous-même ? vous aimez-vous point trop pour ce monde ? Si cela est, vous désirerez de demeurer toujours ici, et aurez un extrême soin de vous établir en cette terre (...) Tenez-vous bon ordre en l'amour de vous-même ? car il n'y a que l'amour désordonné de nous-mêmes qui nous ruine. Or l'amour ordonné veut que nous aimions plus l'âme que le corps, que nous ayons plus de soin d'acquérir les vertus que tout autre chose, que nous tenions plus de compte de l'honneur céleste que de l'honneur bas et caduc[3].

Le vrai mal, selon lui, ne se trouve donc que dans « l'amour désordonné », ou l'*amour-propre*, issu de l'esprit de concupiscence, et le seul amour-propre que les Augustiniens intransigeants reconnaîtront et condamneront. Les doux accomodements de François de Sales, voire une certaine tolérance pour « l'amour de soi-même », misent sur la libre volonté de l'homme, et non exclusivement sur sa corruption originelle. L'évêque de Genève craint cependant que l'amour-propre, cet « amour désordonné », ne fasse chuter l'homme, car

> Si nous ne nous amusions pas en la vanité des plaisirs caducs, et surtout en la complaisance de l'amour-propre, ains qu'ayant une fois la charité, nous fussions soigneux de voler droit, là par où elle nous porte, jamais les suggestions et tentations ne nous attraperaient[4].

---

[3] *Introduction...*, V^e^ partie, chapitre V, « Examen de notre état envers nous-mêmes », p. 302-303.

[4] *Traité de l'amour de Dieu*, Livre IV, chapitre III, dans *Œuvres*, éd. citée (également d'après l'édition de 1616, secondée par celle dite d'Annecy), p. 534. A comparer avec la version du Père jésuite Thomas Bernard Fellon (1672-1759), 3 tomes, Lyon, Placide Jaquenod, 1738 : « Si nous ne nous amusions pas parmi les plaisirs fragiles, dont la vanité nous flate, si séduits par nôtre amour propre, nous ne nous complaisions point en nous-mêmes, & qu'ayant une fois reçû l'habitude de la charité, nous missions nôtre application à tendre sans relâche où cette habitude nous porte, la tentation ne pourroit jamais nous surprendre ». (I, p. 428). Notons que le Père Fellon ne s'est pas privé, de son propre aveu, de tronquer le texte : « C'est une des

L'amour-propre, si on n'y veille, combat effectivement la foi ; en fait, il s'oppose constamment à l'amour de Dieu, et c'est ce qui entraîne la perte de l'homme :

> L'amour divin et l'amour-propre sont dedans notre cœur comme Jacob et Ésaü dans le ventre de Rebecca[5] ; ils ont une antipathie et répugnance fort grande l'un à l'autre, et s'entre-choquent dedans le cœur continuellement ; dont la pauvre âme s'écrie : Hélas, moi *misérable, qui me délivrera du corps de cette mort*[6], afin que le seul amour de mon Dieu règne paisiblement en moi[7] ?

Dans un commentaire sur *L'Esprit de Saint François de Sales* (1639), par Jean-Pierre Camus, J.E. d'Angers écrit très justement au sujet de la distinction que fait François de Sales entre « l'amour de soi-même » et « l'amour-propre » : « L'amour propre est toujours mauvais, car il n'y a point de péché sans arrêt volontaire en la créature ou en soi, contre la volonté du Créateur ; par contre l'amour de nous-même est bon, car nous sommes obligés de nous aimer en Dieu et selon Dieu[8]". Dans un sens, François de Sales tentait d'avance d'apaiser l'augustinisme trop radical de ses illustres contemporains, parmi lesquels, certes, Pierre de Bérulle.

On a dit du fondateur de l'Oratoire (1611) que « La dénonciation de l'amour-propre, de ses ruses et de ses pièges [constitue] une des

---

raisons qui m'ont déterminé à regarder le Traité du saint Evêque de Geneve, comme un ancien bâtiment qu'il falloit détruire, en réservant les matériaux, comme autant de pierres prétieuses, pour en construire un nouvel édifice » (p. IV).

[5] *Genèse*, XXV, 22-25.

[6] Paul, *Aux Romains*, VII, 24.

[7] *Traité de l'amour de Dieu*, Livre XI, chapitre XX, p. 938. A comparer avec la version du Père Fellon : « L'amour de Dieu & l'amour propre sont dans nôtre cœur, comme Jacob & Esaü dans le sein de Rebecca : il n'y a pas moins de contrariété entre les deux amours, qu'il y avoit d'antipathie entre les deux freres : ils se font, ces deux amours, une guerre continuelle ; & nôtre cœur qui est le théâtre des rudes combats qu'ils se livrent, s'en plaint souvent au Seigneur, & s'écrie avec St. Paul : *Infortuné que je suis ! Qui me délivrera de ce corps de mort ?* » (t. III, p. 450).

[8] J.E. d'Angers, « Problèmes et difficultés de l'humanisme chrétien », *XVIIe siècle*, 62-63, p. 23.

pensées maîtresses de Bérulle[9]...". Dès sa première publication, le *Bref Discours de l'abnégation interieure*[10], Bérulle insistait sur « l'inclination corrompuë[11] » de l'homme et sur son incapacité à s'élever jusqu'à l'amour de Dieu sans l'aide de la grâce divine. Contrairement à François de Sales, Bérulle ne distingue pas l'*amor sui* (ou l'amour de soi-même) du pernicieux amour-propre, profondément attaché à la nature humaine :

> Or, la perfection que l'on peut acquerir en cette vie mortelle, et vrayement militante, ne consiste qu'à perfectionner l'une et l'autre partie [de l'âme] en l'amour de Dieu, et à en dechasser l'amour propre qui y est profondément enraciné[12].

Quel que soit cependant l'effort de l'homme pour s'arracher à son amour-propre, il sera toujours vain, car « sans mesme qu'il y ayt aucun estat de perfection en cette vie mortelle, tant élevé soit-il, qui s'en puisse dire exempt, n'y ayant que la seule gloire des bienheureux qui le puisse bannir du tout[13] ».

Le *Bref Discours* est une œuvre de jeunesse – Bérulle avait vingt-deux ans – et son originalité est fort douteuse. On a même dit que c'est une œuvre qui « compte peu [car] C'est un écho des leçons de ses maîtres et des conversations avec Mme Acarie[14], un livre mal

---

[9] G. Bady, *L'Homme et son « institution » de Montaigne à Bérulle*, 1580-1625, Paris, Les belles lettres, 1964, p. 489.

[10] Fortement inspiré par une œuvre italienne (*Breve compendio interno alla perfezione cristiana*), traduite en français en 1596, et adaptée par Bérulle en 1597 et republiée en 1599, ensemble avec le *Bref Discours* de Bérulle. Voir J. Dagens, « Notes bérulliennes : la source du *Bref Discours de l'abnégation intérieure* », *Revue d'histoire ecclésiastique*, XXVII, 1931, p. 318-349.

[11] Bérulle, *Œuvres complètes*, d'après l'édition de 1644, 2 vol., Monsoult, Maison d'Institution de l'Oratoire, 1960, II, p. 645.

[12] Bérulle, *Œuvres complètes*, II, p. 645.

[13] Bérulle, *Ibidem*.

[14] Madame Acarie, ou Barbe Avrillot (1566-1618), devenue religieuse après la retraite de son mari, Jean-Pierre Acarie, Conseiller-maître à la Chambre des comptes de Paris. En 1604 elle introduisit les Carmélites en France qu'elle fit venir d'Espagne et qu'elle établit à Paris. Elle fut béatifiée sous le nom de Marie de l'Incarnation (à ne pas confondre avec Marie Guyard (1599-1672), entrée chez les Ursulines en 1631, et fondatrice du premier couvent d'Ursulines au Canada).

débrouillé[15] ». Il n'empêche que le *Bref Discours* est le premier fondement de la pensée bérullienne, et constitue une source d'importance pour connaître l'évolution du concept d'amour-propre au XVIIe siècle[16]. Dans ses *Œuvres de piété*, qui étaient « le plus souvent, des esquisses de conférences spirituelles, prononcées au Carmel depuis 1604 et à l'Oratoire depuis 1611[17] », le développement spirituel de sa pensée suit les traces du *Bref Discours*, encore que le concept de l'amour-propre y soit plus nettement explicité dans un contexte théologique, et révèle de toute évidence une réflexion plus mûrie. Ainsi, lorsque Bérulle interroge la présomption stoïcienne, il estime qu'

> En cet égarement de la nature, quelques-uns ont pensé prendre un chemin different et s'élever plus haut, en tenant des maximes impossibles à la nature. Le monde les estime, et ils me font pitié, un Seneque, un Epictete : car ce peu de lueur qui reste en la nature, ils l'ont converty en tenebres. Ils establissent l'estime et l'amour propre de la nature, et non pas l'amour de Dieu : Ils s'arrêtent en eux-mesmes, et il s'en faut éloigner[18]...

Convaincu de la concupiscence indéracinable de l'homme, et des illusions que sème l'amour-propre, Berulle ne conçoit le salut de l'être que dans la grâce que la foi en Jésus-Christ répandra dans les cœurs, même si cette grâce tant souhaitée n'effacera jamais totalement les racines de l'amour-propre qui est le legs éternel de la chute originelle[19]. Nous sommes ici au point de ralliement de l'augustinisme le plus austère, sinon le plus désespéré, et du jansénisme le plus déprimant. Dans une lettre aux « Religieuses Carmélites », sous l'oeil

---

[15] J. Calvet, *La littérature religieuse de François de Sales à Fénelon*, Paris, del Duca, 1956, p. 77.

[16] Le *Bref Discours* connut quatorze éditions entre 1597 et 1700.

[17] Jean Dagens, *Bérulle et les origines de la restauration catholique, 1575-1611*, Paris, Desclée, 1952, p. 320.

[18] Bérulle, *op. cit.*, II, p. 1006.

[19] Dans son étude consacrée à l'abbé de Saint-Cyran, Jean Orcibal note que « l'amour-propre ou concupiscence s'oppose constamment à la grâce. C'est là un effet de la chute dont, en fervent disciple de saint Augustin, Bérulle marque en termes saisissants la profondeur. » (*Jean Duvergnier de Hauranne, abbé de Saint-Cyran, et son temps*, Paris, Vrin, 1947, p. 78).

bienveillant de Madame Acarie, Bérulle écrit qu' « il faut vaincre la loy des sens et de l'amour propre, pour se rendre obeïssantes et sujettes à la loy de l'esprit et de l'amour de Dieu. En ces deux loix consiste tout usage et l'exercice de la vie humaine sur la Terre, et mesme après cette vie[20] ».

La pensée bérullienne, pénétrée de la thématique de l'amour-propre, inséparable de la concupiscence, influera considérablement sur l'orthodoxie spirituelle du XVIIe siècle, autant dans les milieux jansénistes que dans des milieux moins controversés. Jean Calvet écrit à ce sujet : « On a l'impression qu'il [Bérulle] est toute l'école française, que Condren, Olier, Eudes, Vincent de Paul, Bourgoing vivent de sa pensée, qu'ils répandent, qu'ils vulgarisent, en mettant chacun l'accent sur l'élément qui répond le mieux à leur tempérament, mais sans y rien d'ajouter d'essentiel[21] ».

Dans la foulée de Bérulle on découvre en premier lieu l'abbé de Saint-Cyran, plus prêt de la pensée oratorienne que de celle de Jansénius. Selon lui, « amour-propre », « concupiscence » et « cupidité » réfèrent tous trois à « l'amour de soi-même », et sont en opposition directe à l'amour de Dieu. Dans un fragment typique de ses *Ecrits de piété*, intitulé « Concupiscence et Charité », Saint-Cyran oppose la corruption naturelle de l'homme, liée à son amour-propre, à la vertu théologale de la charité. Il en ressort une image des plus affligeantes de l'humanité :

> L'une [la concupiscence] tient le cœur penché vers les créatures, et l'autre [la charité] le tient élevé vers le Créateur. Ce penchement vient du poids naturel de l'homme et de cette corruption répandue comme un mauvais levain dans toutes les puissances de son âme qui les fait tendre naturellement aux choses de la terre. L'élèvement vient

---

[20] Bérulle, *op. cit.*, II, p. 1143. Girard de Villethierry, en s'adressant aux vierges chrétiennes, se fait l'écho de ces conseils : « Il faut que toutes les Vierges Chrétiennes fassent une réflexion serieuse à cette doctrine de saint Jean Chrysostome, afin de ne se laisser pas surprendre par les artifices de l'amour propre qui sçait se dédommager en mille manieres differentes des pertes qu'on lui fait souffrir. » (*La Vie des Vierges*, p. 197-198).

[21] Jean Calvet, *op. cit.*, p. 81.

> de la grâce qui élève le cœur, malgré la corruption et le poids contraire, vers le ciel et vers Dieu[22].

La charité[23] chrétienne est primordiale car :

> Elle produit autant de bonnes passions en l'âme que l'amour-propre en produit de mauvaises, elle est la vraie vie comme l'amour-propre la vraie mort, l'une fait vivre pour Dieu et non pour soi, faisant autant mourir l'amour de soi-même que l'amour des autres créatures, au lieu que l'autre fait le contraire[24].

En 1649, six ans après sa mort, on publia les *Œuvres chrétiennes et spirituelles de Messire J. D. V. de H., abbé de Saint-Cyran.* Peut-on penser que Madame de Pringy y trouva quelque nourriture spirituelle, séduite par les mises en garde du saint homme :

> Prendre garde à ne tomber pas dans l'amour de soi-même par l'exercice extérieur des bonnes œuvres. Car qu'y a-t-il de plus déplorable que d'avoir fait un dessein généreux de quitter toutes les choses de la terre pour chercher Dieu, et n'avoir enfin trouver que soi-même[25].

C'est toute la tradition saint-cyranienne qui revit dans les écrits d'Antoine Arnauld, puis chez Pascal, à commencer par *De la fréquente communion* (1643), où on lit que « Rien ne s'accorde mieux ensemble que la privation de la grace et la plenitude de l'amour-propre ;

---

[22] *La Spiritualité de Saint-Cyran avec ses écrits de piété inédits*, éd. Jean Orcibal, Paris, Vrin, 1962, p. 249.

[23] Nous voudrions attirer ici l'attention sur la primauté de la « charité » que l'on découvre abondamment dans les deux traités de Madame de Pringy. Voir nos remarques au sujet du « Caractere des Bigotes » (chapitre III). Dans les deux traités, le mot revient 19 fois, et le concept même de la « charité » en tant que vertu théologale est partout présent.

[24] Saint-Cyran, *op. cit.*, p. 256.

[25] *Ibidem*, p. 499. Référons une fois de plus au « Caractere des Bigotes ».

l'inapplication aux choses de Dieu, et l'attachement à celles du monde[26] ».

Pascal, qui est certainement moins théologique qu'Arnauld, et dans un sens plus près de la « mondanité » de La Rochefoucauld que de la spiritualité théocentrée de ses « maîtres », reste néanmoins, lui aussi, convaincu de la corruption de l'homme et de sa propension à l'amour-propre : « La nature de l'amour-propre et ce *moi* humain est de n'aimer que soi et de ne considérer que soi[27] ». Et en parlant de l'acte de confession que l'Eglise offre aux pécheurs, il écrit : « Et néanmoins la corruption de l'homme est telle, qu'il trouve encore de la dureté dans cette loi ; et c'est une des principales raisons qui a fait révolter contre l'Eglise une grande partie de l'Europe[28] ». Si le ton de Pascal demeure accessible à une réflexion laïcisée, le fondement de sa pensée n'en reste pas moins attaché à une conception augustinienne de l'amour-propre :

> Qui ne hait en soi son amour-propre, et cet instinct qui le porte à se faire Dieu, est bien aveuglé. Qui ne voit que rien n'est si opposé à la justice et à la vérité ? (...) C'est donc une manifeste injustice où nous sommes nés, dont nous ne pouvons nous défaire, et dont il faut se défaire. Cependant, aucune religion [hormis la religion catholique] n'a remarqué que ce fût un péché [l'amour-propre], ni que nous y

---

[26] Antoine Arnauld, *De la fréquente communion*, Lyon, Claude Plaignard, 1739, p. 753.

[27] *Pensées*, 100 (éd. L. Brunschvicg). Une note de L. Brunschvicg rappelle que La Rochefoucauld disait la même chose : « L'amour-propre est l'amour de soi-même et de toutes choses pour soi ; il rend les hommes idolâtres d'eux-mêmes, et les rendrait les tyrans des autres, si la fortune leur en donnait les moyens » (Maxime 563, dite « supprimée », édition 1665, 1). Rapportons également deux extraits de la Lettre de Pascal à M. et Mme Périer, à l'occasion de la mort de M. Pascal le Père, décédé à Paris le 24 septembre 1651. L'influence augustinienne et le concept des deux amours s'y marquent nettement : « La vérité qui ouvre ce mystère est que Dieu a créé l'homme avec deux amours, l'un pour Dieu, l'autre pour soi-même ; mais avec cette loi, que l'amour pour Dieu serait infini, c'est-à-dire sans aucune autre fin que Dieu même, et que l'amour pour soi-même serait fini et rapportant à Dieu », et « Depuis, le péché étant arrivé, l'homme a perdu le premier de ces amours ; et l'amour pour soi-même étant resté seul dans cette grande âme capable d'un amour infini, cet amour-propre s'est étendu et débordé dans le vide que l'amour de Dieu a quitté ; (...) Voilà l'origine de l'amour-propre » (Pascal, *Œuvres complètes*, éd. J. Chevalier, p. 496).

[28] *Pensées* (éd. L. Brunschvig), 100.

> fussions nés, ni que nous fussions obligés d'y résister, ni n'a pensé à nous en donner les remèdes. La vraie religion enseigne nos devoirs, nos impuissances : orgueil et concupiscence ; et les remèdes : humilité, mortification[29].

Qu'il s'agisse de Le Maistre de Sacy, de Jean Hamon, de Pierre Nicole, ces hommes que l'on a appelés « les directeurs de Port-Royal[30] », l'abaissement de l'orgueil humain, ou de l'amour-propre, ainsi que la conviction que la concupiscence humaine reste irrémédiable, sont constamment au centre d'une préoccupation spirituelle commune. Les *Essais de Morale* de Pierre Nicole, dont la publication s'étend sur près de trente ans (1671-1700), représentent peut-être l'ouvrage le plus significatif de la grande vague janséniste qui déferla sur la France à partir de la direction spirituelle de l'abbé de Saint-Cyran en l'abbaye de Port-Royal[31].

Ce qui ne signifie pas que la pensée janséniste porte la seule responsabilité de l'idée défaitiste que l'on eut de la nature humaine et du caractère indéracinable de l'amour-propre. Nous avons fait remarquer toute l'influence qu'a eu la pensée de Bérulle, fondateur de l'Oratoire, sur l'évolution spirituelle de son siècle. C'est précisément dans le sillage de Bérulle que l'on trouve l'œuvre de Jean-François Senault, *De l'usage des passions* (1641), oratorien, lui aussi, et dans le cadre de notre étude, une des sources majeures du traité de Madame de Pringy sur l'amour-propre. En effet, on verra que certains passages du traité sur l'amour-propre de Madame de Pringy sont pour ainsi dire tirés textuellement de l'œuvre de Senault. L'influence de ce dernier est donc indéniable, et par extrapollation, l'orientation augustinienne de toute la littérature spirituelle contre-réformiste du XVIIe siècle se retrouve dans l'ouvrage de Madame de Pringy.

Dès sa Préface, J. F. Senault donne le ton de sa réflexion :

> ... n'agissant pas par la Grace, il [l'homme] falloit qu'il agist par la concupiscence ; et estant possedé par l'amour propre, il ne se pouvoit point proposer d'autre fin que soy-même : Il cherchoit, ou la gloire,

[29] *Pensées* (éd. Brunschwicg), 492 et 493 .
[30] J. Calvet, *op. cit.*, p. 225.
[31] Voir nos commentaires sur « La Pieté ».

> ou le plaisir, et dans toutes ses actions il ne s'élevoit point plus haut que ses interests[32].

Lorsque Madame de Pringy estime, de concert avec les augustiniens de son siècle, « *que l'amour propre est* [la passion] *la plus dangereuse de toutes* », et qu'elle se propose de démontrer que cette passion est surtout l'apanage des femmes, elle s'aligne d'emblée sur l'analyse augustinienne des passions, telle qu'elle est révélée dans le traité de Senault :

> ... bien que nos Passions soient dereglées, et qu'elles troublent nostre repos, elles ne laissent pas d'estre une partie de nostre ame, quoy que leur insolence nous déplaise, nous ne pouvons nous resoudre à déchirer nos entrailles, si la Grâce ne nous assiste, l'amour propre nous trahit, et nous epargnons des rebelles, parce qu'ils sont nos alliez[33].

Le fait d'avoir démarqué Senault à plusieurs endroits, et plus particulièrement dans la partie du traité où il est questions des « Passions en particulier[34] », démontre clairement à quelle école de pensée appartenait Madame de Pringy.

A sa décharge toutefois, il faut rappeler que l'enseignement de Senault n'avait pas été isolé. En fait, comme nous l'avons vu, sa réflexion augustinienne remonte à François de Sales et à Bérulle, et annonce dès 1641 – date des escarmouches autour de l'*Augustinus* – tous les théologiens, jansénistes ou non, qui œuvreront pour la cause de la contre-réforme française. Plus près de Madame de Pringy, on découvre bien entendu l'immense autorité de Bossuet, suivie de celle de Bourdaloue dont le cercle restreint a pu accueillir Madame de Pringy avec bienveillance[35].

Déjà dans son IIIe *Sermon pour le dimanche de la passion*, « Sur la haine des hommes pour la vérité », Bossuet dénonce avec vigueur

---

[32] Senault, *De l'usage des passions*, Paris, Fayard, 1987, Préface, p. 29.
[33] Senault, *op. cit.*, Ie Partie, troisième traité, p. 96.
[34] Senault, *op. cit.*, Seconde Partie, « Des Passions en particulier », p. 159 et ss.
[35] Rappelons l'amitié de Madame de Pringy avec la sœur de Bourdaloue.

la sournoise et néfaste influence de l'amour-propre sur le cœur de l'homme :

> Je n'aurois jamais fait, Messieurs, si j'entreprenois aujourd'hui de vous raconter tous les artifices par lesquels l'amour propre nous cache à nous-mêmes, en nous donnant de faux jours, en nous faisant prendre le change, en détournant notre attention, ou en charmant notre vue. Disons quelques-unes de ses finesses ; mais donnons en même temps une règle sûre pour en découvrir la malice. Vous allez voir, chrétiens, comment il nous persuade, premièrement, que nous sommes bien convertis, quoique l'amour du monde règne encore en nous ; et pour nous pousser plus en avant, que nous sommes zélés, quoique nous ne soyons pas même charitables[36].

En fait, de François de Sales, Bossuet ne retient que « l'amour désordonné » qu'il associe spontanément à la concupiscence de l'homme. Bossuet cite d'ailleurs librement l'évêque de Genève dans son « Livre V » de l'*Instruction sur les États d'Oraison*[37], et à laquelle les réflexions de Madame de Pringy font constamment écho.

En outre, la coïncidence a voulu que la même année où parut le *Traité de la concupiscence*, nous rappelant avec force que « l'injustice de l'amour propre se connaît par la justice de la charité, dont l'amour propre est l'éloignement et la privation[38] », Madame de Pringy exposa, elle aussi, les ravages de cet amour de soi, source de tous les maux et de tous les péchés. Ainsi, à l'instar de Bossuet, elle emboîtait le pas à la traditionnelle spiritualité contre-réformiste, fortement battue en brêche pourtant à une époque qui ne reconnaissait plus, sur le plan philosophique, les valeurs fondamentales du passé.

En effet, « l'ivresse des nouvelles découvertes, le triomphe de l'expérience et de la mécanique, le dédain ironique qu'inspire la théologie[39]... » avaient fortement atténué l'opprobre que théologiens, moralistes et prédicateurs avaient de tout temps attaché aux manifesta-

---

[36] Bossuet,*Œuvres complètes*, t. VIII, p. 467.

[37] Bossuet, Œuvres complètes, t. VI, p. 455, à comparer avec le texte de François de Sales, dans *Œuvres*, p. 608.

[38] Bossuet, *Œuvres complètes*, t. V, chapitre XII, p. 421. Les chapitres XII, XIII et XIV traitent spécifiquement de l'amour-propre.

[39] Paul Hazard, *La crise de la conscience européenne : 1680-1715*, Paris, Boivin, 1935, p. 74.

tions diverses de l'amour-propre. Du côté de l'Église, c'est dorénavant la perspective d'un Malebranche, pourtant Oratorien, qui l'emporte, au lieu de celle de Bossuet, en dépit de sa dernière diatribe augustinienne dans le *Traité de la concupiscence.* Le rationalisme de Malebranche s'ajuste mieux aux aspirations de ses contemporains, car Dieu comme « Amour incarné », tel qu'il apparaissait chez Bérulle, a été transformé en « Raison incarnée » chez Malebranche, tout comme « amour de Dieu » est devenu chez le même philosophe « amour de l'ordre »[40]. Cette rationalisation des aspirations humaines est également reflétée chez Malebranche dans une vue plus positive de l'amour-propre, faiblesse, certes, mais susceptible néanmoins d'élever l'être humain à quelque hauteur morale : « Ne peuvent-ils [les hommes] pas par amour propre, par la crainte de l'Enfer, ou si on le veut, par des grâces générales, éviter beaucoup d'occasions de pécher ; se priver des plaisirs, du moins de ceux dont ils n'ont point encore goûté, et dont par conséquent ils ne sont point encore esclaves[41] ? ». Ainsi, l'amour-propre avait été allégé de ses implications concupiscentes, pour ne plus laisser qu'un arrière-goût de l'égoïsme humain. C'est dans ce sens d'ailleurs qu'on peut lire les *Caractères* de La Bruyère :

> Ne nous emportons point contre les hommes en voyant leur dureté, leur ingratitude, leur injustice, leur fierté, l'amour d'eux-mêmes, et

---

[40] Dans son *Traité de la nature de la grâce,* datant de 1680. Voir l'éd. G. Dreyfus, Paris, Vrin, 1958, p. 258 et 264. Nous lisons dans le *Traité de Morale* (1684) : « L'amour de l'ordre n'est pas seulement la principale des vertus morales, c'est l'unique vertu, c'est la vertu mère, fondamentale, universelle ; vertu qui seule rend vertueuses les habitudes ou les dispositions de l'esprit. Celui qui donne son bien aux pauvres ou par vanité, ou par une compassion naturelle, n'est point libéral, parce que ce n'est point la raison qui le conduit, ni l'ordre qui le règle ; ce n'est qu'orgueil ou que disposition de machine » (Partie I, chapitre II, par. 1, cité par Pierre Ducassé, *Malebranche*, p. 127). Madame de Pringy recommande le même ordre vertueux. Parlant de la modestie des femmes, elle écrit : « La modestie n'est point trop severe, ce qu'elle prescrit est juste et naturel, elle ne veut que l'ordre et la perfection, et quiconque la méprise, s'éloigne de la vertu et de l'honneur ». « Cette regle équitable » qu'est « l'ordre », selon elle, établit qu'« elle est cette vertu qui concilie l'autorité et la licence, l'avarice et la prodigalité et qui par l'aproche de ces deux choses opposées, fait une bonne chose de deux mauvaises et empêche l'excès où ces vices differens portent chaque particulier selon son temperament ».

[41] Malebranche, *Traité de la nature et de la grâce*, p. 210.

> l'oubli des autres : ils sont ainsi faits, c'est leur nature, c'est ne pouvoir supporter que la pierre tombe ou que le feu s'élève (éd. 1688)[42].

Madame de Pringy et la tradition « laïque »

Au moment où Madame de Pringy confronte les femmes, et les hommes, aux dangers insidieux de leur amour-propre, la valeur augustinienne du concept de l'amour-propre, c'est-à-dire le sens théologique, ainsi que sa dimension éthique répréhensible, telle qu'elle apparaît plus clairement dans les *Maximes* de La Rochefoucauld, sont de plus en plus dépouillées de leur dimension tragique. Le *Traité de la concupiscence* de Bossuet[43], en 1694, sera pour ainsi dire la dernière condamnation obstinée de l'amour-propre, décrié jadis en termes augustiniens par les François de Sales, Bérulle, Saint-Cyran, Arnauld, Senault, Pascal, ou Nicole[44].

Les mondains ne nient pas forcément le fondement métaphysique de l'amour-propre, mais ils ne sont plus prêts à en assumer la chute vertigineuse que les dévots décrient avec effroi. Jean-Claude Tournand écrit à ce sujet : « On continuera donc de dire que l'amour-propre se cache au fond de toutes nos passions, mais cette affirmation, devenue, hors de son contexte philosophico-religieux, trop générale et trop facilement admise, ne servira bientôt plus que d'ornement ou de lieu commun[45] ».

---

[42] « De l'Homme », 1.

[43] Bossuet a toujours appartenu à l'école augustinienne. En juin 1675, à l'occasion de son *Sermon pour la profession de Mme de la Vallière*, il cite et traduit saint Augustin dans *La Cité de Dieu*, XIV, XXVIII, en parlant des deux amours : « l'un est l'amour de soi-même poussé jusqu'au mépris de Dieu ; et c'est ce qui fait la vie ancienne et la vie du monde : l'autre est l'amour de Dieu poussé jusqu'au mépris de soi-même ; c'est ce qui fait la nouvelle du christianisme ; et ce qui, étant porté à sa perfection, fait la vie religieuse. Ces deux amours opposées feront tout le sujet de ce discours » (Bossuet, *Œuvres complètes*, t. X, p. 313).

[44] On lira à ce sujet l'analyse pénétrante de Jean-Claude Tournand, dans son *op. cit.*, p. 79-96.

[45] *Op. cit.*, p. 123-124.

Dans un sens Madame de Pringy se situe à mi-chemin entre l'augustinisme de Senault et la réflexion morale de La Rochefoucauld. Il est vrai que l'auteur des *Maximes* effleure sporadiquement la connotation théologique de l'amour-propre[46] ; en cela il est, lui aussi, l'héritier discret de la pensée catholique ou janséniste de son temps. D'une façon générale toutefois, les *Maximes* de La Rochefoucauld s'appuient sur une analyse psychologique de la nature humaine, appréciée ou critiquée en son temps[47]. En livrant sa *Description de*

---

[46] Voir à ce sujet l'article cité de David Westgate. A titre d'exemples, citons la Préface de la cinquième édition de 1678 (identique pour ainsi dire à celle de 1675, et de 1666 et 1671), où La Rochfoucauld dit de lui-même que « celui qui les [*Réflexions*] a faites n'a considéré les hommes que dans cet état déplorable de la nature corrompue par le péché, et qu'ainsi la manière dont il parle de ce nombre infini de défauts qui se rencontrent dans leurs vertus apparentes, ne regarde point ceux que Dieu en préserve par une grâce particulière » (éd. L. Martin-Chauffier, p. 239). Voir aussi la note 1, p. 630. Et la Maxime 509, dans les *Maximes Posthumes* : « Dieu a permis, pour punir l'homme du péché originel, qu'il se fît un Dieu de son amour-propre, pour en être tourmenté dans toutes les actions de sa vie » (éd. citée, p. 323).

[47] Une lettre dont on ignore l'auteur, adressée à Mme la marquise de Sablé, résume assez bien le sentiment de ceux qui trouvèrent de l'agrément dans les *Maximes* : « L'on voit bien que ce faiseur de Maximes n'est pas un homme nourri dans la province, ni dans l'Université ; c'est un homme de qualité qui connaît parfaitement la cour et le monde, qui en a goûté autrefois toutes les douceurs, qui en a aussi senti souvent les amertumes, et qui s'est donné le loisir d'en étudier et d'en pénétrer tous les détours et toutes les finesses. (...) Je n'aurais rien à souhaiter en cet écrit, sinon qu'après avoir si bien découvert l'inutilité et la fausseté des vertus humaines et philosophiques, il reconnût qu'il n'y en a point de véritables que les chrétiennes et les surnaturelles » (Cité par Marcel Hervier, dans *Les écrivains français jugés par leurs contemporains - XVIe et XVIIe siècle*, 2e. éd., Paris, Mellotté, s.d., p. 290). Par contre, Madame de Lafayette écrit à Mme de Sablé : « Nous avons lu les Maximes de M. de la Rochefoucauld. Ha ! Madame, quelle corruption il faut avoir dans l'esprit et dans le cœur, pour être capable d'imaginer tout cela ! » (*Ibidem*, p. 293). Le *Journal des savans* émet une opinion plus nuancée : « Les uns croient que c'est outrager les hommes que d'en faire une si terrible peinture, et que l'auteur n'en a pu prendre l'original qu'en lui-même ; ils disent qu'il est dangereux de mettre de telles pensées au jour, et qu'ayant si bien montré qu'on ne fait jamais de bonnes actions que par de mauvais principes, on ne se mettra plus en peine de chercher la vertu, puisqu'il est impossible de l'avoir, si ce n'est en idée. Les autres, au contraire, trouvent ce traité fort utile, parce qu'il découvre les fausses idées que les hommes ont d'eux-mêmes, et leur fait voir que, sans la religion, ils sont incapables de faire aucun bien. (...) Quoiqu'il en soit, il y a tant d'esprit dans cet ouvrage, (...) que toutes les personnes de bon sens y trouveront une infinité de choses qu'elles auraient peut-être ignoré toute

l'amour propre, Madame de Pringy tente de se confiner dans les limites de l'analyse psychologique des femmes, mais trahit néanmoins à plusieurs reprises, et ses sources théologiques et sa propre inclination spirituelle[48]. Elle est en fin de compte beaucoup plus dévote que ne le fut jamais La Rochefoucauld, mais moins fine et moins acerbe que son illustre prédécesseur.

Sa dette à Senault a déjà été mentionnée[49]. Quelques passages méritent néanmoins d'être soulignés afin d'en montrer le fondement spirituel, ainsi que la profonde motivation morale de Madame de Pringy. En marge de la diatribe incessante contre les femmes dans le traité, quelques réflexions se hissent à un niveau plus élevé, embrassant l'humanité et ses devoirs spirituels. Ainsi, écrit-elle :

> Entre le désir de notre felicité selon Dieu et selon la raison, et le désir que l'amour propre nous inspire, il n'y a qu'une difference, l'un nous fait désirer un bonheur que nous ne comprenons pas et qui fait adorer le souverain principe qui le doit faire, et l'autre nous fait désirer un bonheur que nous puissions sentir et connoître au mesme tems que nous le désirons.

---

leur vie... » (*Ibidem*, p. 295-296). Le fondement théologique n'échappe pas, mais la peinture impitoyable de la nature humaine frappe davantage. Voir aussi les « Jugements des contemporains », dans l'édition citée des *Œuvres complètes* de La Rochefoucauld, p. 588-607.

[48] Gageons aussi qu'elle a certainement eu, comme beaucoup de femmes de son temps, parmi lesquelles Madame de Sévigné, un véritable engouement pour l'enseignement du Père Bourdaloue. Bourdaloue appelait « l'amour-propre » un « intérêt propre », qu'il opposa à « l'intérêt d'autrui », ou « charité ». Dans son *Sermon pour le douzième dimanche après la Pentecôte*, il évoque saint Chrysostome, et rappelle qu'il y a « deux sortes d'intérêts qui ont rapport à la charité, et qui doivent servir à régler toute la pratique de cette vertu ; savoir, l'intérêt propre et l'intérêt d'autrui : l'intérêt propre qui est le sujet ordinaire de nos plus ardentes passions ; et l'intérêt d'autrui, dont nous sommes communément peu touchés : l'intérêt propre, que nous conservons avec tout le soin possible ; et l'intérêt d'autrui, que nous négligeons et que nous ne craignons guère de blesser : l'un, je veux dire l'intérêt propre, qui est l'obstacle de la charité ; et l'autre, j'entends l'intérêt d'autrui, qui en est l'objet » (Bourdaloue, *Œuvres complètes*, t. II, p. 282). Voilà exactement le ton de Madame de Pringy lorsqu'elle aborde la charité déficiente des bigotes ou des économes.

[49] Nous avons relevé plusieurs passages nettement inspirés par Senault, et les avons indiqués dans des notes du texte.

Expression non-équivoque du déchirement constant de l'homme entre l'amour de Dieu, auquel il faut tendre, et le désir de la chair, ou en termes théologiques, la concupiscence.

Par ailleurs nous avons attiré l'attention sur l'importance de la charité (chrétienne ou sociale) dans les analyses de Madame de Pringy. Bien que cette charité soit à plusieurs reprises perçue dans un contexte à la fois social et mondain, sa valeur en tant que vertu théologale demeure en filigrane de la pensée. En effet, il s'agit bien de « cette charité qui en les obligeant d'aimer Dieu souverainement, les oblige aussi de se hair parfaitement, et c'est ce qui fait que parmi cette grande charité plus aparente que veritable, il se trouvera toûjours du vieil adam[50]... ».

Caractéristique également de la dialectique de Madame de Pringy, en parfait accord avec les vues de Senault, est l'alliance de la raison et de la grâce pour surmonter efficacement les embûches que pose l'amour-propre à une sainte vie. L'amour-propre, en effet, « bouche l'ame et ne la remplit pas ; il est tout à cette préoccupation qui l'endort et qui la rend insensible et incapable d'écouter les reflexions, les idées, les inspirations et tous ces mouvemens que la grace et la raison excitent pour l'éclairer ».

Primordiale toutefois reste la grâce, ce don de Dieu, secondée par la prière, sans lequel l'être humain ne se guérira jamais de son amour-propre :

> On a beau voir les écrits qui le blâment et sentir les mouvemens qui le condamnent, il est plus fort que nous-mêmes et il seroit impossible de le vaincre sans la grace qui nous encourage et qui nous éléve, et cette grace ne nous manque jamais si nous la demandons avec un veritable désir de l'obtenir ; c'est tres-souvent la nonchalance des demandes qui rend la priere infructueuse.

---

[50] « le vieil adam » ou l'homme en état de péché. C'est une variante du « vieil homme », en opposition à l'homme nouveau, le Christ. Senault écrit : « Quiconque n'agit pas par ce Principe [la force rédemptrice de Jésus-Christ] est criminel, et qui n'est pas despoüillé du vieil homme, ne peut étre revestu du nouveau » (Préface de *De l'usage des passions*, p. 30). Le passage de Madame de Pringy peut être mis en parallèle avec celui de Senault : « ...La Charité nous éleve dans le Ciel, la Concupiscence nous engage dans la Terre, la Charité nous unit à Dieu, la concupiscence nous unit à nous-mêmes... » (*Ibidem*, p. 31).

Sans vertus chrétiennes, point de salut, car « La volupté est au fond de l'ame par le désir de l'amour propre, et la felicité s'y trouve par le désir d'une ame chrétienne... ».

Ces pierres de touches de la pensée de Madame de Pringy dans son traité sur « l'amour-propre » sont également celles de ses réflexions sur le caractère des femmes de son siècle. A ce point de vue, ses propos sur le caractère des bigotes sont fort éclairants, voire ceux, à un moindre degré, sur les économes.

Mis à part les paramètres d'ordre spirituel, la réflexion dans le traité sur l'amour-propre a tendance par moments à rabâcher la critique des femmes dans les *Differens Caracteres*. On retrouve en effet le portrait des dévotes, des coquettes, des économes, des joueuses, des plaideuses et des spirituelles. Toutes sont évidemment atteintes d'un amour-propre démesuré. Toutes tombent dans leurs travers à cause de l'amour-propre, passion dominante et innée chez les femmes, selon Madame de Pringy. Elles sont nées plus faibles et plus délicates, ce qui en fait des proies de choix de l'amour-propre. Un point intéressant relevé par l'auteur, c'est que l'éducation des filles, selon elle, promeut un sentiment d'amour-propre, ou d'orgueil. On reconnaît ici la nécessité d'une réforme de l'éducation des filles, tâche à laquelle se sont attelés Fénelon, Fleury ou Madame de Maintenon, avec des succès divers et, toutes proportions gardées, peu avant-gardistes. Selon Madame de Pringy on ne se préoccupe pas assez de l'éradication de l'amour-propre des filles, car c'est cette passion, dite de l'amour-propre,

> qui est la source de cette premiere faute attachée à l'éducation qui est un rafinement de délicatesse qui fait prendre un si grand soin de la santé et de la beauté d'une fille, qu'on lui inspire l'oisiveté en lui conservant le repos ; pour l'exemter de peine on la prive d'action et pour trop conserver l'éclat de son tein, on neglige les sentimens de son cœur ; aussi cet amour propre qui leve son esprit dans l'ignorance et son corps dans la molesse lui inspire de voluptueuses inclinations après l'avoir élevée dans d'inutiles amusemens...

C'est avec un soupir de détresse qu'elle s'interroge sur les méfaits de l'éducation des filles :

> Quel moyen, dis-je, que ces délicates personnes accoûtumées à s'aimer, puissent s'arracher à la corruption que leur communiquent la nature et l'éducation.

La « Misogynie » de Madame de Pringy

La question de la « misogynie » de Madame de Pringy mérite d'être posée. En effet, la perception très nette que l'on a après l'avoir lue, c'est que les femmes, dans l'état actuel des choses, ont peu de qualités dont elles pourraient s'enorgueillir. C'est à partir de ce constat qu'elle dénonce les différents caractères des femmes de son siècle, ou pour mieux dire, de son temps. Il est vrai que chaque caractère est contrebalancé par une qualité à laquelle les femmes devraient tendre. Cette qualité potentielle, quel que fût le type de femme visée, est neanmoins essentiellement rattachée à une sorte de sublimation morale, voire spirituelle. Autant dire presque inaccessible. Bref, elle n'est plus ancrée dans la réalité sociale du moment, mais dans des vues traditionnelles concernant le rôle des femmes, et entretenues par « l'école » de Madame de Maintenon, de Fénelon ou de Fleury. Quelque libéraux qu'apparaissent leurs conseils éducatifs, il faut que les vertus chrétiennes, voire l'élan vers Dieu, demeurent au centre de l'activité féminine. Idéologie charmante qui nous renvoie au XVIe siècle, mais que l'œuvre de Madame de Villedieu ou même de Madame de Lafayette reniera. *A fortiori*, en 1694 nous sommes loin du temps des dames des Roches, Madeleine Neveu ou Catherine des Roches, qui adhéraient à ce que Feugère a appelé joliment « l'école de la raison, plutôt que de la passion[51] », cette dernière ayant été résolument celle de Louise Labé. Chez Madame de Pringy nous retrouvons la jonction entre la vertu sublimée et le désir légitime du savoir qui mène, selon elle, à la reconnaissance du bien et au rejet du mal. Identifier le mal reste néanmoins une perspective subjective de l'esprit et aussi, comme dans le cas de Madame de Pringy, le fruit épanoui d'une éducation. Il en résulte que les qualités féminines que prône Madame de Pringy, fort idéalisées, sinon utopiques, n'arrivent jamais à effacer le souvenir

---

[51] Léon Feugère, *Les femmes poètes au XVIe siècle*, Genève, Slatkine Reprints, 1669, p. 39.

cuisant de la description des défauts qui les ont précédées. Dans la balance le défaut pèse toujours plus lourd que la qualité souhaitée. C'est à cause du déséquilibre entre le réalisme des défauts et la chimère des qualités que l'on bute forcément sur la perspective misogyne de Madame de Pringy. Cette impression est d'ailleurs renforcée lorsqu'on aborde son second traité, sur la description de l'amour-propre. L'amour-propre étant la source de tous les défauts féminins, et « passion dominante des femmes », Madame de Pringy est contrainte de rappeler les coquettes, les bigotes, les spirituelles, les économes, les joueuses et les plaideuses. Ainsi, ses reproches aux femmes, dont peu échappent à une catégorie ou l'autre, s'en retrouvent redoublés, et jettent de l'ombre sur les qualités et les vertus qu'elles *devraient* posséder. Inconciemment peut-être, Madame de Pringy, dans son désir de bien faire et d'exhorter les femmes à embrasser la vertu et l'amour de Dieu[52], aurait pu jouer le jeu des vrais misogynes[53] de

---

[52] Il est intéressant de voir que Madame de Pringy voit dans la femme une potentialité spirituelle qui, en dépit de ses défauts ou de la société patriarcale dans laquelle elle évolue, lui assurera son salut. A ce sujet on a fait remarquer, sans faire le rapprochement, que l'œuvre de Gabrielle Suchon allait dans le même sens : « En fait, écrit Paul Hoffmann, l'ouvrage de Gabrielle Suchon est d'abord un traité de spiritualité chrétienne. Une affirmation se trouve en son centre : la preuve de la dignité et de la capacité de la femme est enveloppée dans sa vocation à la vie surnaturelle (...) la piété des femmes est successivement évoquée comme preuve de leur capacité spirituelle et désignée comme le but le plus élevé auquel elles puissent tendre ; comme la forme même de leur vie intérieure et comme la perfection de leur liberté » (Paul Hoffmann, « Le féminisme spirituel de Gabrielle Suchon », dans *XVIIe siècle*, 121, 1978, p. 272). Il n'est pas étonnant que l'infériorité sociale de la femme ait eu comme mesure compensatoire une conviction de sa supériorité spirituelle sur les hommes. Dans un même ordre d'idée, on peut dire que Gabrielle Suchon, tout comme du reste Madame de Pringy, « s'accorde avec eux [Fénelon ou Fleury] pour dire que la fin de la culture, quand il s'agit de la femme, est essentiellement morale » (Paul Hoffmann, *Ibidem*, p.274).

[53] Il n'en manque pas, et nous ne songeons nullement à Nicolas Boileau. Nombreux de ces misogynes n'ont cependant pas la même préoccupation que Madame de Pringy. Ce qui les inquiète particulièrement dans la femme, c'est son pouvoir de séduction et les moyens de l'exercer. Il y a donc chez eux une nette érotisation de la problématique féminine, ce que l'on retrouve, certes, mais à faibles doses, dans le portrait des « coquettes » de Madame de Pringy. Ils s'offusquent devant la nudité des seins, ou sur l'application de quelques mouches savamment placées. Ils s'alarment encore à la vue de la danse, qui est « défendue à cause des baisers... du mauvaise usage des mains...

son temps, ce qui reste peu probable. Il reste aussi que l'accusation de misogynie mérite, pour elle comme pour quelques autres, d'être nuancée.

Ce qui ressort abondamment des deux traités de Madame de Pringy, c'est que la femme, par nature ou éducation, peu importe la source, se laissera toujours séduire par l'attrait de l'amour-propre, quelles que soient ses bonnes intentions. Madame de Pringy s'approprierait volontiers le mot de Quevedo : « L'enfer est pavé de bonne intentions », et les femmes n'échappent pas à l'emprise du démon. Ce parti pris, certes, a une nette tonalité misogyne, encore qu'il faut reconnaître que les portraits de Madame de Pringy, voire son analyse de l'amour-propre féminin, reposaient vraisemblablement sur une observation impitoyable des femmes de son temps, et n'étaient dès lors peut-être pas tellement éloignés de la vérité. Si l'on groupait toutes les *Maximes* de La Rochefoucauld sur le caractère des femmes, on risquerait d'aboutir aux mêmes conclusions. Il en serait de même si l'on retenait les sentiments de La Bruyère sur le « beau sexe ». Le grand coupable reste cependant Nicolas Boileau. Il a été pris à partie pour sa *Satire X* parce qu'elle exposa trop crûment les défauts mondains des femmes, et parce que le parti des Modernes, parmi lequel Charles Perrault, comptait sur l'appui de ces dames, outragées, semble-t-il, par l'acidité du satirique. On a dit qu'une des raisons qui poussèrent Boileau à publier la *Satire X* tenait au fait qu'il « était misogyne et fut, au sens propre du mot, un vieux garçon[54] ». Qu'il ait eu cette réputation est fort probable, mais la même chose peut être dite de nombreux de ses contemporains. Il est également intéressant de

---

à cause des regards qu'on y donne... à cause des sauts, des postures... à cause des paroles à double sens... » (l'abbé Tailhant, cité par Pierre Darmon, *op. cit.*, p. 46). Bref, la question de la pernicieuse séduction féminine revient toujours sur le tapis, ce qui n'est jamais le cas chez Madame de Pringy qui juge la moralité des femmes sans évoquer des détails ridicules ou sordides. Ainsi, les misogynes de l'heure, comme de La Serre, l'abbé de Vassets, l'abbé Hilaire Dumas, ou Louis de Bouvines (surtout préoccupé avec l'effet de la séduction féminine sur leur victimes, les hommes !), n'étaient certainement pas sur le même registre que Madame de Pringy qui, elle, déplore, mais propose des solutions morales. Voir Pierre Darmon, *op. cit.*, chap. II, p. 42-52.

[54] Voir Boileau, *Œuvres complètes* éd. Francoise Escal, p. 926.

constater que Charles Perrault, dans la *Préface*[55] pour son *Apologie des Femmes*, ne contredit aucun des défauts féminins que Boileau a malicieusement cloués au pilori. Il prétend pourtant qu'il s'agit pour lui « de la defense, non seulement de la verité, mais encore des bonnes mœurs et de l'honnêteté publique » (p. 25). Mais cette « vérité » n'est jamais démontrée, et l'exposé de Perrault se réduit donc à un manifeste en faveur des bienséances sociales, dressé contre « des termes qui blessent la pudeur... » (p. 25). Il confirme d'ailleurs cette exigence de discrétion – somme toute hypocrite – en opposant les satires de Boileau à des sermons, affirmant « qu'il est de la nature de toutes les deux [les choses saintes et profanes] de ne combattre le vice qu'en general sans jamais nommer les personnes » (p. 26). Bref, Boileau ouvrirait la porte au procès de diffamation, qu'il ait raison ou pas ! Jamais Perrault ne reprend Boileau sur le fond de sa critique des femmes. Il lui reproche de ne guère les connaître s'il a cru un instant qu'elles donneraient « leur approbation sur un pareil Ouvrage » (p. 27). C'est dire que Boileau a mal compris l'extrême susceptibilité des femmes,... même s'il n'avait peut-être pas tout à fait tort. Perrault s'offusque du portrait de la dévote parce que Boileau prétend qu'elle ne peut « Sur le fard, sur le jeu, vaincre sa passion » (v. 551), mais il aurait consenti volontiers que Boileau eût dit « qu'elle ne peut vaincre son orgueil, sa colere ou son penchant à la medisance,... » (p. 28). La défense, assurément, manque de conviction. Bouleversant ensuite toutes les règles de la satire, héritées des Juvénal et des Horace, Perrault se demande « Pourquoy, au lieu de se renfermer, comme il fait, dans la peinture de ce qu'il y a de laid dans les hommes, ne s'occupe-t-il à célébrer les vertus que le Ciel leur a données ? » (p. 30). C'est décidément reconnaître le vice, mais refuser d'en parler. Enfin, cette *Préface* risque même par endroits d'offenser plus qu'elle ne loue, surtout quand Perrault relève l'épithète de « faussaire » sous la plume de Boileau. En effet, selon Perrault, les femmes « ont bien de la peine à former une vraye écriture, [et] comment auroient-elles assez d'habilité pour en faire de fausse ? » (p. 35). Après un éloge d'« un si grand bonheur dans l'amitié conjugale » (p. 37), Perrault avoue humblement ses « manieres bien bourgeoises », mais estime qu'il « sera toûjours plus honeste pour elles [les femmes mariées] de s'occuper à des ouvrages convenables à leur sexe et leur qualité, que

---

[55] Nous avons mis la pagination de la *Préface* de *l'Apologie des femmes*, Amsterdam, Adriaan Braakman, 1694, de Charles Perrault, entre parenthèses.

de passer leur vie dans une oisiveté continuelle » (p. 37). On retrouve ainsi le fastidieux débat autour de la femme occupée à sa quenouille, que Marie de Gournay, soixante-dix ans plus tôt, avait amèrement déploré[56].

On sait que Boileau a subi l'ire de nombreux de ses contemporains. On lui en voulait surtout d'avoir dénigré les vertus et les agréments du mariage. On risque ainsi en dernière analyse de ne voir souvent dans ces polémiques qu'une escarmouche entre les tenants du célibat et ceux du mariage. Hormis Charles Perrault, dont l'*Apologie* manque d'à-propos, et Jean-Francois Regnard qui répond avec une *Satire contre les Maris*, la majorité des détracteurs de la *Satire X* sont des *minores* dans le plein sens du mot[57]. Charles Bouhours en dresse une liste intéressante : un dénommé Pierre Bellocq, valet de chambre du Roi et porte-manteau de la duchesse de Bourgogne, qui écrit une riposte de 24 pages ; Pierre Henry, avec *Le pour et le contre du mariage, avec la critique du Sr. Boisleau*, suivi en 1695 du *Silence du Sr. Boisleau sur la critique de ses œuvres* ; Charles Lenfant, Chevalier de St.-Gilles, et quelques anonymes qui ont eu la charité de ne pas se nommer[58]. En somme le fond de la critique de Boileau n'est jamais abordé de front. Et pour autant que l'on sache, l'ouvrage de Madame de Pringy, qui n'est pas plus tendre pour les femmes, n'a pas suscité de vives réactions[59], sauf que le *Mercure Galant* n'a que des éloges

---

[56] Voir l'*Égalité des hommes et des femmes*, éd. citée, p. 40.

[57] En fait, les grands noms du moment étaient partagés : selon le *Bolaeana*, de Montchesnay, CXV (voir Nicolas Boileau, *Œuvres complètes*, éd. Paul Chéron, Paris, Garnier, 1861, p. 483), « Ce fut M. Racine qui le rassura, en lui disant qu'il fallait laisser passer l'orage ». Dans une lettre à Perrault, Arnauld prit la défense de Boileau, tandis que Bossuet le blâma dans son *Traité de la concupiscence*, XVIII, pour avoir ridiculisé le mariage. Voir Marcel Hervier, *op. cit.*, p. 429-430.

[58] Voir les *Satires* de Boileau, éd. Charles H. Boudhors, p. 284-286. Voir aussi *Œuvres complètes*, éd. Françoise Escal, éd. citée, p. 926-927.

[59] Mis à part les commentaires élogieux du *Mercure galant*, dont il faut tout de même se méfier, nous n'avons aucun témoignage concernant la réception publique de l'ouvrage de Madame de Pringy. Fut-elle lue par des femmes qui y découvrirent un ressourcement de leur vertu, ou plutôt par des hommes qui se sentirent sécurisés dans leur sentiment misogyne à la lecture de Madame de Pringy ? Le seconde édition de 1699 prouve que l'ouvrage avait connu une circulation encourageante. Il y eut même deux traductions en anglais, l'une en 1696, l'autre en 1705 (Catalogue Librairie Farfouille, Paris, N° 330, 1989, N° 321).

pour l'auteur des *Differens Caracteres des femmes du siècle.* Comme nous l'avons déjà relevé dans la *Notice bio-bibliographique*, on lisait en novembre 1693 à propos de l'ouvrage (sans nom d'auteur) de Madame de Pringy :

> Si quand les Dames se mêlent d'écrire, elles ont une finesse et une delicatesse d'esprit qui leur est naturelle, et que les hommes ont de la peine à imiter, elles réussissent encore mieux, lors qu'elles traitent de matieres dont elles ont une connoissance particuliere. C'est ce que vient de faire Madame de Pringy, en nous donnant les differens caracteres des Femmes du siecle, avec la description de l'amour propre, contenant six caracteres, et six perfections.

Il y a donc tout lieu de croire, selon le *Mercure*, que la « misogynie » de Madame de Pringy ne choquerait personne, et que les femmes se reconnaîtraient, tout en rougissant ou en se mordant les doigts, d'avoir été si cruellement démasquées. L'amour-propre, tel que défini dans le traité de Madame de Pringy, avait sans doute perdu sa connotation hautement spirituelle dans l'esprit des mentalités, mais la description des traits de caractère des femmes laissait sans doute entendre un son de cloche familier. En fin de compte, la misogynie est une perception relative aux mœurs d'une époque. Faut-il s'étonner si Boileau dans sa *Satire X* étrille les mêmes genres de femmes que Madame de Pringy prend à partie : la coquette (v. 181-214), la joueuse (v. 215-248), l'avare (ou l'économe) (v. 249-347), la femme savante (ou la spirituelle) (v. 425-437), la fausse dévote (v. 506-630), la plaideuse (v. 715-738) ? Boileau crache du feu, certes, et Madame de Pringy distille un venin mélangé à du miel, mais tous deux sont mûs par l'observation d'une vérité sociale que la fin de siècle étale sous leurs yeux. Au sujet de Boileau, Charles Boudhors se posait la question avec une fausse naïveté : « Qu'a-t-il donc pour en vouloir aux femmes ? Que lui ont-elles fait ? Hélas : rien ! Qu'est-ce donc que ce pamphlet virulent de misogyne féroce ? En 1663, je sais ce qu'il serait ; mais en 1693-94, c'est tout autre chose qu'une galerie de caricatures féminines. Boileau s'attaque - je n'en doute pas - à une puissance plus coupable à ses yeux du relâchement et du désordre des mœurs que n'est elle-même la déraison des femmes[60] ». Le monde tel que Boileau l'avait connu, ou rêvé, et qui était aussi le monde de Madame de Pringy, s'est effrité. L'édifice moral s'est écroulé, et les femmes, en cette fin de siècle, y ont largement contribué. Boileau ou Madame de Pringy, c'est la nostalgie du passé, la hantise d'un monde à la dérive. Les troupes de choc de la percée moderniste, et d'un féminisme irréversible, sont les femmes qui ont jeté leur bonnet par-dessus les moulins. La « misogynie » du dernier bastion était devenue un devoir moral.

Enfin, Madame de Pringy, misogyne présumée, méprise-t-elle les femmes ? Ou tout au moins les abaisse-t-elle totalement au rang de créatures inférieures par rapport aux hommes ? A première vue on serait tenté de dire que sa sévérité pour les femmes est trop grande, que ses exigences sont utopiques, et qu'elle ne réclame pas moins des femmes qu'un état de sainteté. En réalité, elle se désole de ce que les femmes soient devenues la proie de l'amour-propre. C'est là que le bât blesse. Un amour-propre qui est et entraîne concupiscence. Mais aussi un amour-propre qui porte le nom de vanité, et qui plonge les femmes dans le désordre, qu'elles soient coquettes, bigotes, avares, spirituelles, joueuses ou plaideuses. Madame de Pringy n'en démord pas :

> L'amour propre est la source de toutes les passions et de tous les vices, il est plus difficile à détruire que tous les autres défauts, sa tirannie n'étant autre chose qu'un éguillon qui nous pique et qui nous pousse vers nous-même, de maniere que l'on se cherche, l'on se flate et l'on s'aime.

Pourtant, si les femmes pouvaient vaincre leur passion dominante, elles deviendraient capables des plus grandes entreprises, et elles dépasseraient aisément les hommes en réalisations, intellectuelles ou autres. C'est vers la fin de son traité sur l'amour-propre que Madame de Pringy allume la torche d'un féminisme triomphateur, mais difficile d'accès aussi longtemps que les femmes n'auront pas vaincu le démon de l'amour-propre, et, sur un plan plus spirituel encore, si les femmes ne sont pas « penetrées de haine d'elles-mesmes, aussi bien que les

---

[60] *Satires*, éd. citée, p. 283.

Dames chrétiennes d'aujourd'huy ». Sans l'amour-propre, tous les espoirs sont permis, car c'est uniquement lui

> qui les prive de tous ses grands talens, pour lesquels leur naturel semble estre formé, si l'amour d'elles-mêmes étoit effacé, et que par un genereux effort, elles s'arrachassent à cet attrait trompeur qui les amuse, une femme habile iroit assurément plus loin qu'un homme n'a esté ; sa vivacité, sa penétration, sa délicatesse, le feu de son courage, la subtilité de ses idées qui sont poussées par un mouvement plus promt que dans les hommes, les rendroit capables de plus grandes entreprises, et de plus promtes executions.

Madame de Pringy ne désespère donc pas de la perfectibilité des femmes. Ensorcelées par leur vanité et leur amour-propre, « elles ne sont ni tres savantes ni tres sages, et cependant elles auroient plus de facilité à l'estre que les hommes... ». Le traité finit par un hommage rendu à toutes les femmes qui surmonteront le vice de l'amour-propre. Dans un sens, comme il convenait à Madame de Pringy, l'épilogue de son traité ressemble à un vœu pieux, ou si l'on préfère, à une ultime prière pour le salut de l'âme féminine.

TEXTE

Description de l'amour propre

Passion dominante des Femmes.

Quoique toutes les passions nous tourmentent, nous agitent et nous animent, il en est toujours une dominante et maîtresse des autres, et chacun sent en lui-même une souveraine passion qui servant de mobile aux autres, nous entraîne où il lui plait et nous porte par sa violence à cent égaremens differens, dont nous pouvons à peine nous deffendre par l'attrait que nous trouvons à la suivre. Le temperament est celui qui fait choix d'une passion pour l'élever au dessus des autres, et chacun ordinairement suit une opinion selon son penchant et une passion selon son naturel. Mais je ne cherche point dans ce discours à persuader que chacun a sa passion dominante et que l'amour propre est la plus dangereuse de toutes, mais seulement à décrire quelle est cette passion dominante dans les femmes, et d'où vient qu'elles ont toutes la mesme, et que la condition ni le temperament n'empéche(nt) pas l'amour propre d'estre la favorite du sexe et d'avoir un souverain empire sur toutes les femmes, j'en[61] exemte celles, qui connoissant bien la verité que j'avance, donnent tous leurs soins pour se mettre au dessus de cette douce passion, elles doivent la craindre plus que toutes les autres, parce qu'elle est la plus naturelle, la plus utile et le plus ordinaire, et que les femmes l'ont en naissant, la raison leur[62] fortifie et leur condition les y engage. Comme elles sont nées plus foibles et plus délicates, elles se permettent bien des choses et s'en tolerent beaucoup d'autres ; c'est pourquoi il est si rare d'en rencontrer qui soient exemtes de prévention dans l'esprit, de goût pour les bagatelles, d'opiniâtreté dans les opinions et d'inconstance pour toutes choses. Quand il s'agit de son interest une femme n'est pas la maistresse de moderer son empressement vers elle-même, et la source de ce desordre est l'amour propre qui la domine, cet amour propre si inconnu et si imperieux qui tourne la volonté et la fait mouvoir selon son gré, qui

[61] Var. ... femmes. J'en exemte...

[62] Var. ... la raison la fortifie...

trouble, occupe, agite, détermine et qui sans permettre à la raison de nous montrer nos devoirs, nous enléve à la verité et nous engage en tout ce qui nous plaist.

C'est de cet amour propre qu'il faut que je donne une idée. Dans le fond de nous-même il est un sentiment qui nous fait désirer ce qui pourroit nous rendre heureux et qui nous prévient que ce bonheur est dans la volupté de l'esprit ou des sens. Entre le désir de notre felicité selon Dieu et selon la raison, et le désir que l'amour propre nous inspire, il n'y a qu'une difference, l'un nous fait désirer un bonheur que nous ne comprenons pas et qui fait adorer le souverain principe qui le doit faire, et l'autre nous fait désirer un bonheur que nous puissions sentir et connoître au mesme tems que nous le désirons. La volupté est au fond de l'ame par le désir de l'amour propre, et la felicité s'y trouve par le désir d'une ame chrétienne, mais du désir que nous donne l'amour propre il en naît toutes ces differentes délicatesses ordinaires aux femmes, la prévention, la nonchalance[63], la vanité, la molesse, l'oisiveté et cent autres deffauts qu'elles appellent qualitez naturelles à leur sexe. Dès que le fond du cœur est plein de cette indolence, de cet amour de soi-mesme[64], de ce désir des choses agréables qui nous flattent et qui nous plaisent, s'en est fait pour la vertu, pour la raison, pour l'honneur et pour toutes les grandes choses qui demandent une ame élevée au dessus des sentimens ordinaires. L'amour propre est la source de toutes les passions et de tous les vices, il est plus difficile à détruire que tous les autres défauts, sa tirannie n'étant autre chose qu'un éguillon qui nous pique et qui nous pousse

---

[63] « Les défauts de Montaigne sont grands... il inspire une nonchalance du salut, sans crainte et sans repentir » (voir Pascal, *Pensées*, 77 (éd. J. Chevalier), 63 (éd. Brunsschvicq). On mesure au sens du mot jusqu'à quel point Madame de Pringy songe constamment au bien-être de l'âme et à son salut.

[64] Le *Littré*, dans *l'Atelier...*, Marsanne, Redon, 1999, résume assez bien la synonymie entre l'amour-propre et l'amour de soi, ainsi que l'évolution graduelle du concept d'amour propre : « Aucune distinction entre ces deux termes n'existait au XVIIe siècle, qui confondait dans une commune réprobation l'amour de soi et l'amour-propre. Mais depuis on a distingué entre ces deux expressions : l'une n'implique aucun blâme et indique simplement l'intérêt légitime qu'un homme prend à soi-même ; l'autre indique que l'amour de soi tend à passer les bornes et à s'approcher de l'égoïsme ». C'est la dernière expression qui caractérise, entre autres, l'attitude de Madame de Pringy.

vers nous-même(s), de maniere que l'on se cherche, l'on se flate et l'on s'aime.

C'est une chose bien facile de s'aimer puisque c'est un droit naturel et qu'il n'est point d'estre qui ne concoure[65] par un mouvement qui lui est propre, non-seulement à sa conservation, mais aussi à sa satisfaction. C'est pourquoi l'amour propre est la premiere passion, c'est à dire la plus invincible, quoi qu'elle ne soit pas la plus forte, elle est la plus naturelle, la plus douce, la plus agreable, la plus seduisante, et toutes ces qualitez-là font de grands effets sur l'esprit des femmes[66], leur complexion, leur temperament, leur éducation, et leur ignorance les rendent plus sensibles à cette passion, qui agit toûjours avec effet auprès du sexe[67], il se fait une liaison des qualitez propres qui forment une union entre elles et cette passion, et toutes les autres où les femmes s'abandonnent, ne sont poussées que par l'amour propre qui les réveille pour servir à ses desseins et qui s'en sert pour concourir à la perte de la vertu et de la raison, c'est elle qui est la source de cette premiere faute attachée à l'éducation qui est un rafinement de délicatesse qui fait prendre un si grand soin de la santé et de la beauté d'une fille, qu'on lui inspire l'oisiveté en lui conservant le repos ; pour l'exemter de peine on la prive d'action et pour trop conserver l'éclat de son tein, on neglige les sentimens de son cœur ; aussi cet amour propre qui leve son esprit dans l'ignorance et son corps dans la molesse lui inspire de voluptueuses inclinations après l'avoir élevée dans d'inutiles amusemens, dès que la raison paroît l'amour propre lui presente des objets agréables afin de séduire son goût, il entretient le jugement dans des projets et des desseins inutiles et delicieux, et selon le penchant du cœur, il nous livre à un état qui nous paroît agréable, il rétranche même des plaisirs qu'il propose, toutes les peines qui les accompagnent et la joie que l'amour propre promet à l'acomplissement de nos désirs est toûjours pure, il ne la mélange point avec les amertumes qui se font sentir quand on croit le[68] goûter, et quand on veut se reprocher la fausse opinion que l'on avoit des plaisirs, l'amour propre ingenieux nous flatte sur l'avenir et

---

[65] Var. ... ne se porte par...
[66] Var. ... femmes. Leur complexion, ...
[67] Var. ... avec effet sur le sexe. Il se fait...
[68] Var. ... croit la goûter,...

nous fait esperer les délices qu'il nous figure afin de nous abuser aussi longtems qu'il nous posséde. Ce ne sont là que ses moindres effets, c'est lui qui nous fait negliger l'estime des hommes ou la chercher avec trop d'empressement. De quoi pensez-vous que soit préoccupée une femme qui s'attache et qui prend des engagemens de cœur, où l'amitié a moins bien de part que l'amour, si ce n'est d'un amour propre excessif qui fait qu'elle se cherche elle-même dans un objet étranger et qu'elle va inspirer le même sentiment dans le cœur de celui qui l'a fait naître dans le sien, elle va communiquer l'amour propre qu'elle ressent, elle va porter sa passion au lieu où elle trouve sa joye, et sous la figure qu'ils font de s'aimer l'un et l'autre, tous deux effectivement n'aiment qu'eux-mesmes ; mais ce n'est point assez, l'amour propre est ami de l'interest aussi bien que de la volupté. Celle que l'on voit par des complaisances pénibles chercher une amitié inutile, celle qui sous de laborieuses occupations, cache un repos qu'elle attend de sa peine, n'est pas moins susceptible d'amour propre[69] que celle qui s'abandonne à une vie molle et oisive. Il est un amour propre qui soutient les travaux comme il en est un revêtu de nonchalance, c'est toûjours le même et le voile d'une pieté qui fait honneur, n'est pas moins amour propre que l'éclat d'une galanterie qui fait plaisir.On s'abuse quand on se persuade que l'amour propre regne seulement dans les femmes coquettes et mondaines, que c'est là seulement que se trouve la volupté, la délicatesse, la vanité, l'entêtement, l'orguëil, la sensualité et le soin de contenter ses passions et de donner aux sens tous les plaisirs qu'ils exigent chacun en particulier. Non, ce ne sont pas seulement les femmes galantes qui sont sujettes à ces défauts, celles qui professent la pieté aussi bien que celles qui font gloire du desordre, ont un fond d'amour propre, qui leur rend les vices familiers aussi bien qu'aux autres, parce qu'elles prennent trop peu de soin de l'anéantir ; souvent celles qui se piquent d'être les plus devotes, sont celles qui s'aiment davantage et parmi tant de vertus dont elles parlent toûjours, la charité ne s'y trouve point ; cette charité qui en les obligeant d'aimer Dieu souverainement, les oblige aussi de se

[69] Var. ... de l'amour propre...

hair parfaitement[70], et c'est ce qui fait que parmi cette grande charité plus aparente que veritable, il se trouvera toûjours du vieil adam, et vous voiez les bigotes plus sensibles à une injure que celle de qui l'on attend les ressentimens les plus emportez ; elles ont moins de colére et plus de vindication[71], parce que l'habitude de la moderation leur rend les premiers mouvemens plus paisibles et les seconds plus durables, et l'amour propre leur conserve la memoire d'une injure que la charité sçauroit bien effacer, si elle regnoit dans leur cœur.

C'est une chose surprenante que l'ignorance des femmes, elle prédomine à toutes leurs lumieres et l'amour propre en est la cause. On ne verra pas une femme d'esprit se flatter, s'aplaudir injustement, se tolerer, se pardonner des fautes considerables si elle s'aimoit moins ; comme ses lumieres lui font apercevoir la vérité avec plus de facilité qu'une autre, elle auroit horreur pour les foiblesses que son esprit lui feroit voir dans son penchant, si l'amour propre ne l'aveugloit et ne la faisoit entrer pour ce qui regarde ses interests dans la mesme ignorance des plus simples du vulgaire ; elle démêle les défauts des autres, elle en sçait le point, elle en mesure mesme l'étendüe et rien n'échape à ses connoissances, quand des objets étrangers se proposent à son jugement ; mais dès qu'il s'agit de réfléchir sur elle-même et d'examiner la justesse de ses pensées et la droiture de ses actions, ce n'est plus le mesme esprit, cette justice qu'elle avoit dans les autres causes ne se rencontre point dans la sienne, et quand elle s'éxamine pour se régler, elle court risque de se déregler davantage ; parce que l'amour propre aveugle ses reflexions et elle se trouve ordinairement plus prévenüe qu'éclairée quand elle a beaucoup refléchi.

---

[70] On reconnaît ici l'ouvrage du Père Senault, le « disciple » par excellence de saint Augustin et de la pensée bérullienne, devenu Supérieur de l'Oratoire en 1663, et prédicateur célèbre, que Madame de Sévigné n'aimait pas, mais dont le stoïcisme chrétien a plu à Madame de Pringy, et dont le *De l'usage des Passions*, qui datait de 1641, avait été réimprimé plusieurs fois. Nous retrouvons ici un passage sous le titre, *Du bon usage de la Haine* : « ... car l'amour propre nous empêche d'exceder, et quelque sainte fureur que nous inspire la Charité, elle est modérée par cette inclination que nous avons à nous aimer. C'est pourquoy le Fils de Dieu veut que la Haine de nous-mêmes soit le fondement de sa doctrine,... » (p. 201). Sur le Père Senault, voir Henri Busson, *La Religion des classiques*, Paris, P.U.F., 1948, p. 205-206.

[71] Var. ... de vengeance,...

Pour se juger avec fruit, il faut s'examiner avec rigueur, quand[72] on visite les replis de son cœur pour y découvrir la verité de ses mouvemens, ce ne doit pas estre avec la douceur qui nous est necessaire pour bien juger des autres ; il faut estre convaincu et pénétré de la flateuse maniere dont l'amour propre nous va représenter nos méchantes inclinations et l'on ne sçauroit estre trop sévere à ses opinions quand on les veut rendre justes ; c'est ce mélange de douceur et de séverité dont une femme doit s'armer dans sa conduite, de séverité pour ce qui la regarde, et de douceur pour ce qui regarde les autres. Sa douceur pour les autres la garentira de la médisance et sa rigueur pour elle-mesme la mettra au dessus de l'amour propre qui est une passion tres-difficile à vaincre, étant la plus universelle et la plus aimable.

Pour les femmes qui ne sont point de l'ordre des précedentes, qui sans professer le libertinage, la pieté ni le génie, ménent une vie tranquille, appliquées à leur état, ne s'occupant que de bien ménager les moiens qu'elles ont dans leur condition, elles ne sont pas à l'abri de sentir les funestes effets de l'amour propre qui est souvent le principe de leur économie et du retranchement de leur superflus ; mais comme cet amour propre est insatiable, il porte souvent l'économie jusqu'à l'avarice. Une femme se dénie les choses dont elle a besoin par le plaisir qu'elle trouve dans un amas futur dont elle se promet la possession, pendant qu'elle se procure un dépoüillement present et réel dont elle ne sent pas la peine et la rigueur, l'amour propre l'aveuglant et cela est si vrai que parmi les femmes d'une condition commune, lesquelles sont engagées pour l'utilité de leur maison d'entrer dans l'exercice du commerce et dans le détail du ménage, on y remarque un fond d'amour propre pour elles mêmes qui conduit toutes leurs actions. Il est si rare d'en trouver quelqu'une qui embrasse son état avec un esprit de docilité et de soin, et qui n'autre but que son devoir et la crainte de Dieu. Jamais cette femme forte dépeinte et loüée dans l'écriture[73] n'a mieux paruë estre une idée qu'on s'est voulu faire (dont la réalité est impossible) que dans nôtre siécle, et ce qui la rend si difficile à rencontrer, est cet amour propre qui l'éloigne de toutes

---

[72] Var. ... rigueur. Quand on visite...

[73] *Proverbes*, XXXI, 10-31.

ces grandes qualitez que l'Ecriture marque pour la rendre parfaite[74]. Tant qu'une femme s'abandonne au secret mouvement qui la détourne des rigueurs de la justice, elle est incapable de perfection. Je nomme rigueur de la justice, parce que la nature a un penchant imparfait qui s'oppose à la droiture et qui lui rend difficile les choses innocentes, et ce n'est qu'avec beaucoup de lumiére(s) et beaucoup d'efforts qu'on se met au dessus d'un attrait naturel qui nous détourne de la perfection. Comment la plus part des femmes seroient-elles capables de cet usage genereux, de s'aracher à elle-même pour se donner aux loix de la sagesse ?

Comment des personnes qui passent une partie de leur vie en des amusemens inutiles, trouveroient-elles en elles-mêmes assez de raison et de vertu pour détruire la plus insinuante et la plus naturelle passion que nous ayons ; il y a un grand trajet à faire entre des conversations inutiles, un jeu perpetuel, des assemblées d'oisiveté et de vertueuses occupations sans relâche. L'amour propre fait trop bien son conte [sic] parmi les femmes qu'il livre au commerce du jeu pour ne leur pas faire paroître une étendüe qu'elles ne sçauroient franchir, (et) qui se trouve entre leur conduite et les maximes d'une vie chrétienne, et je ne m'étonne pas si l'amour propre qui gouverne toutes les femmes, ne laisse pas un moment aux jouëuses qui ne soit pour jouer ou pour désirer de le faire ; si elles avoient quelque instant libre de cette préoccupation, elles ne pourroient voir l'oisiveté de toute leur vie passée sans se proposer un avenir plus utile et c'est une ruse secrette de l'amour propre de leur grossir tellement l'objet qui les amuse qu'elles s'occupent sans cesse du jeu quoi que effectivement le jeu ne les occupe jamais et que ce soit une oisiveté agissante que cet exercice qui ne tient point titre d'occupation, mais de délassement, et que l'on ne doit prendre que pour donner à la nature quelque moment de repos pour compatir à sa foiblesse ; mais l'amour propre, cette passion séduisante, ne propose jamais ce moien-là à une femme, qu'il ne l'enivre d'un goût délicieux, et qu'il ne lui fasse donner son tems et

---

[74] Variante la plus longue dans l'édition de 1699, sans que le sens du texte soit altéré : « Jamais cette femme forte que l'Ecriture nous dépeint avec tant d'avantages, n'a moins paru que dans nostre siecle. Il ne s'en trouve point de ce caractere parce que l'amour propre les éloigne de ces grandes qualitez, qui leur sont necessaires pour estre parfaites ».

son cœur à cet amusement, qui s'accorde si bien avec la passion qui le fait aimer ; car il entretient cette oisiveté de l'esprit et du corps, qui nourrit l'amour propre ; il bouche l'ame et ne la remplit pas ; il est tout à cette préoccupation qui l'endort et qui la rend insensible et incapable d'écouter les reflexions, les idées, les inspirations et tous ces mouvemens que la grace et la raison excitent pour l'éclairer[75].

Mais cet amour propre s'est si bien établi dans le cœur des femmes par cette maxime qu'il n'est pas seulement cause de cette vie mole et sans action, il est aussi la source de mille travaux attachez à un autre caractere. C'est l'amour propre qui est le principe de ces pénibles et laborieuses démarches où le procès engage. Sous ces tristes nuits sans sommeil et ces jours brillans sans repos est caché l'amour propre le plus invincible et le plus délicat. C'est dans l'exercice de ces basses et ennuieuses sollicitations que se rencontre la plus enracinée prévention de soi-même. Les femmes ne s'aiment jamais tant que lors qu'il leur en coûte toutes les peines qu'elles abhorrent, pour jouir du plaisir qu'elles désirent ; cependant j'aurois peine à leur faire avoüer une verité qu'elles sentent et qu'elles aiment, et dont elles ne refusent l'aveu que parce qu'elles n'en veulent pas quitter l'usage. La peine et le desordre qu'aportent ces disputes, autorisées par les coûtumes et par les loix ne sont causez que par l'amour propre, et nulle femme ne peut disconvenir quand elle voudra parler de bonne foi, que ce ne soit l'amour propre qui l'anime quand elle se donne ces soins réiterez qui la contentent au milieu de cent chagrins differens qui l'environnent.

L'amour propre a quelque chose de si agréable pour les femmes que lors que la nature les a livrées à son pouvoir, elle ne se contentent pas de passer leur vie dans l'habitude que cette passion leur fait contracter, mais elles nourrissent et elles fomentent , elles augmentent cette passion en elles, et sans en demeurer là, elles la communiquent

---

[75] Le secours de la grâce et de la raison pour combattre l'amour-propre ou la concupiscence constitue une pierre de touche de la pensée morale et spirituelle de Madame de Pringy. Il s'agit vraisemblement d'un autre héritage de la pensée de Senault. Ce dernier, en effet, s'appuie sur la grâce et la raison pour combattre les mauvais penchants de l'homme. On se rapportera à ce sujet à la Partie I, Second traité, chapitre III : « Que dans le désordre où sont nos Passions, la Grace est necessaire pour la conduire » ; et Troisième traité, chapitre IV : « Qu'en quelque état que soient nos Passions, la raison les peut conduire », et chapitre V : « De quels moyens on se peut servir pour moderer ses Passions » (Senault, *op.cit.*)

comme elles l'entretiennent, et c'est un poison dont on est atteint par la societé qui est si imperceptible et si dangereuse qu'il est impossible de le guérir, si on ne le connoît avant que d'en estre attaqué, ou si on ne s'attache à le détruire avec autant de soin qu'on en prend pour le conserver. Je voudrois que l'on s'en fit souvent une idée et que l'on aprofondit sa nature et ses effets, afin d'éviter son pouvoir et son attrait, et que l'on ne fût point l'esclave d'une passion effeminée qui dérive cependant de la plus illustre passion de l'homme. Personne n'ignore que l'amour ne soit la plus noble de toutes les passions[76] et personne ne doit ignorer que par le peché de nôtre premier pere, cet amour sublime et naturel de l'homme est dégeneré dans un amour coupable et sensuel, et que cette source de biens, est devenue l'origine de mille maux ; parce que la nature qui étoit temperée par la grace et dont toutes les inclinations étoient loüables et sainctes[77], la charité dominante confondant l'amour propre et ne nous permettant pas de nous aimer qu'en Dieu seul, a changé de nature, ce n'a plus esté des mesmes yeux que l'homme a regardé les objets, l'utile et l'agréable ont attiré ses désirs et ses soins, il n'a plus trouvé de goût pour l'innocence[78], il est dévenu son but, son motif, son principe ; il n'a plus visé dans toutes choses comme à l'œuvre de Dieu, mais comme à la sienne ; il s'est toûjours regardé depuis cette malheureuse metamorphose, et ce dépoüillement sage et sincére, où il vivoit au milieu de l'abondance dans le paradis terrestre, il est tombé dans l'attachement et dans les fers d'un amour désordonné pour lui-même, et cela au

[76] C'est le chapitre intitulé *Du mauvais usage de l'Amour* (Partie II, premier traité de *De l'usage des passions* de Senault) qui inspire particulièrement Madame de Pringy. On y lit au début qu' « il ne faut pas s'étonner, si l'amour qui est la plus sainte Passion de nostre ame, trouve des impies qui la corrompent » (Senault, *op. cit.*, p. 171).

[77] « L'homme ne s'aimoit que pour Dieu et la nature estoit si bien temperée avec la Grace que toutes ses inclinations estoient sainctes » (Senault, *op. cit.,*, p. 171).

[78] « En cette heureuse condition, la Charité étoit confonduë avec l'Amour propre, et l'homme ne craignoit point qu'en s'aymant soy-même, il fist tort à son prochain : Mais depuis sa desobeïssance, son amour changea de nature, celuy qui regardoit d'un même œil les avantages des autres et les siens, commença de les separer, et oubliant ce qu'il devoit à Dieu, il fist un Dieu de luy-même ; Il confondit toutes les loix de l'innocence, comme s'il eût esté seul dans le monde, il renonça aux douceurs de la societé, il forma une resolution de regler ses affections par ses interests, et de n'aymer plus que ce qui luy estoit utile ou agreable » (Senault, *op. cit.* p. 171).

milieu de l'indigence et des besoins de la nature corrompüe. Si bien que de cet état élevé où Dieu l'avoit mis, il s'est plongé dans cette abîme de maux et de regrets où il est resté jusqu'à la venuë de Jesus-Christ ; non que cette mission de Jesus-Christ qui a effacé la faute du vieil Adam ait voulu rétablir l'homme dans la perfection où il étoit d'abord par estat ; mais elle a voulu lui donner la grace du redempteur afin qu'il pût y rentrer par violence, et l'excellence de la redemption est un avantage pour la nature humaine, puisque dans le premier homme il n'y a rien de difficile dans la perfection de sa vertu, et dans l'homme nouveau il concourt avec violence[79] par sa volonté unie à[80] la grace, à la perfection de son merite, et il est tellement au-dessus de son premier état par sa fidelité, qu'il ne sçauroit disconvenir de combien la nature est anoblie depuis que Jesus Christ l'a purifiée par sa venüe[81], par sa parole, par son exemple, et par sa grace. Par la Loy nouvelle l'homme se trouve disciple d'un Dieu crucifié qui est venu pour aprendre aux hommes à estre des holocau[s]tes et pour leur faire comprendre qu'à la honte du démon il leur donnoit le pouvoir de triompher d'une nature ennemie, et d'estre tous des Martyrs de cœur et d'esprit, afin d'estre des citoyens de gloire et de béatitude.

Mais quel étoit[82] ce monde à détruire, ces ennemis à vaincre, si ce n'est ce fond d'amour propre qui est dévenu le maistre dans le premier homme, cet amour de soi-même et de son propre bien qui l'avoit precipité dans ce travail perpetuel, et cette mort infaillible, où il nous a assujetti ; c'est là la source de sa perte, et souvent la cause de la nôtre ; c'est là ce monstre à terrasser[83] pour la victoire duquel il nous est donné tant de grace, et à la destruction duquel nous devons travailler sans relâche ; c'est à cet amour propre si naturel et si deffendu que nous devons faire une guerre continuelle, puisque c'est à la victoire de cette passion qu'est attachée la perfection et le merite,

---

[79] Var. ... concourt en se faisant violence...

[80] Var. ... assistée de...

[81] « ... nous n'avons soûpiré avec liberté, que depuis que Jesus-Christ est venu au monde pour bannir l'Amour propre de nos ames » (Senault, *op. cit.*, p. 172).

[82] Var. ... Mais quel est...

[83] « sa doctrine [de Jésus-Christ n'a d'autre but, que la ruine de ce monstre effroyable » (Senault, *op. cit.*, p. 172).

et que celui qui ne s'haira pas lui-même[84], ne doit jamais prétendre aux récompenses réservées à celui qui n'aime que Dieu. Mais s'il est difficile à l'homme le plus sage et le plus fort de détruire absolument cet ennemi, et que[85] tant que nous vivons il nous reste ce fond, pour heritage de la premiere infraction de la Loi de Dieu. Combien est il plus difficile à un sexe foible, fragile, variable, inconstant, et pour dire plus naturellement attaché au défaut qu'il posséde, de se garantir de cette illusion du démon et de la nature, et de pouvoir vaincre un penchant qui ne le force à rien, et qui le laisse dans la douce oisiveté, où l'on s'entretient quand on s'aime. Quel moien à[86] des femmes qui sortent peu d'elles-mêmes pour s'instruire et qui n'ont de toutes les sciences que le désir dans le cœur et le nom dans la memoire, de se[87] soustraire à ces réflexions favorables, à ce retour perpetuel qui n'est autre chose qu'un circuit que leur imagination et leur volonté font sur elles-mêmes, qui finit toûjours par un éloge aussi secret qu'injuste ! Quel moyen, dis-je, que ces délicates personnes accoûtumées à s'aimer, puissent s'arracher à la corruption que leur communiquent la nature et l'éducation. Comment voulez-vous qu'une femme soit capable de resolution, et ainsi digne de confiance, si sa molesse ne lui permet pas de garder un secret auprès[88] de ceux qu'elle aime, ni de soutenir l'interest de la verité auprès[89] de ceux qu'elle craint ; et c'est l'effet et la preuve de l'amour propre dans les femmes que cette grande facilité qu'elles ont à dire ce qu'elles sçavent de criminel et de caché dans les autres, sans pouvoir retenir dans le silence ce qu'on leur confie dans le particulier. Aussi par une punition naturelle de temperament, celles qui sont si hardies sur les interests des autres, sont bien timides sur celui de la verité, et rarement les voit-on défendre avec chaleur le parti de ceux qu'on opprime, quoi qu'elles soient si faciles à découvrir les défauts de ceux qu'elles connoissent, et c'est la suite ordinaire de l'amour propre que cette cruelle conduite ; on ne sçauroit

---

[84] « ... et il ne nous oblige à aymer nos ennemis, que pour nous apprendre à nous haïr nous-même » (Senault, *op. cit.*, p. 172).

[85] Var. ... ennemi (car tant...Loi de Dieu.)

[86] Var. ... que des femmes...

[87] Var. ... memoire, puissent se...

[88] Var. ... à l'égard de...

[89] Var. ... à l'égard de ceux...

se résoudre quand on s'aime à dire des choses qui fassent aimer les autres, ni à cacher l'estime qu'on nous porte par le secret qu'on nous confie.

Une femme se persuade retirer beaucoup de gloire de son indiscrétion, et beaucoup de profit de sa complaisance, et cette fausse opinion lui conserve l'usage de ses mauvaises maximes, et la retient toûjours attachée à ce fond d'amour propre qui la fait agir.

Les effets nourrissent la cause dans cette occasion, l'amour propre produit les mauvais sentimens, qui sont la cause de mille actions injustes et déraisonnables, les actions déraisonnables à leur tour entretiennent l'ame dans ces mauvais sentimens, qui retourne ensuite à leur source prendre et donner des forces malheureuses qui ne conduisent qu'au déréglement et à la corruption ; et voilà l'effet de l'amour propre que l'on peut avoüer être un mal qui renferme tous les autres ; puisqu'il n'y a point de desordre dans le monde qui ne reconnoisse celui-là pour son principe[90], et je crois que le Christianisme, la Politique et la Morale ne sçauroient faire un homme de bien, d'un homme qui s'aime, la justice étant necessaire à tous les états, et ne pouvant subsister avec l'amour propre, qui prend toûjours le parti de la volupté et des plaisirs, sans jamais considerer la soûmission que le corps doit à l'esprit[91] ; et les obligations où nous sommes de nous faire violence pour nous rendre justes. L'Amour propre donne une licence à nos inclinations, et laisse nos desirs libres dans leur déréglement, ne s'embarrassant que de flater nôtre esprit afin de nous rendre agréable l'habitude de l'écouter[92], et que nous puissions ne nous occuper que de nous-mêmes, et nous rendre particuliers jusqu'aux

---

[90] « Aussi doit-on confesser que ce mal enferme tous les autres, et qu'il n'y a point de desordre dans le monde, qui ne reconoisse celuy-ci pour son principe » (Senault, *op. cit.*, p. 73).

[91] « ... mais je soûtiens, que selon les loix de la Politique et de la Morale, on n'en sçauroit faire ny un homme de bien ny un bon Citoyen : Car la Justice est absolument necessaire en toutes ces conditions, et cette vertu ne peut subsister avec l'amour propre : La Justice veut qu'un homme raisonnable prefere les inclinations de l'esprit à celles du corps.... » (Senault, *op. cit.*, p. 173).

[92] « L'amour propre nous commande de suivre nos inclinations, et de ne regler nos desirs que par nôtre vanité, il flate nôtre ambition, et pour s'insinuer dans notre esprit, il nous permet tout ce que nous voulons » (Senault, *op. cit.*, p. 173).

interests publics, nous préferant à tout[93], et n'observant même la Loy qu'avec toute la retenuë qu'il nous propose, n'admettant rien de ces devoirs rigoureux et pénibles, dont cependant nous ne pouvons nous dispenser sans crime.

L'amour propre est opposé à la loi et à l'honneur ; il ne nous laisse du goût que pour la grandeur, pour la beauté ou pour les richesses. Hors l'ambition, la volupté et l'avarice[94] rien ne lui plaît, et c'est par ces passions malheureuses que nous conservons l'amour propre, comme c'est par l'amour propre que nous conservons ces trois passions dans nôtre cœur ; c'est parce que nous nous aimons, que nous voulons être élevez au dessus des autres ; c'est ce même amour qui nous fait désirer les objets que nous croions qui peuvent[95] augmenter nôtre plaisir, et c'est encore par la mesme raison que nous accumulons nos richesses, afin qu'en possedant plus de biens, nous dépendions de moins de personnes, et qu'il y en ait plus qui dépendent de nous ; car l'usage malheureux qu'a établi l'interest donne ce sentiment aux avares, et effectivement ils voient tous les jours des gens illustres renoncer aux droits legitimes qu'ils ont receu de leurs ayeuls, et céder leur rang, soûmettre leur sentiment, et de plus sacrifier la verité pour s'acquerir un peu de bien, ou pour obtenir la seule estime de ceux qui en ont et cela en veüe d'asseurer ou d'agrandir leur réputation, sçachant bien que la réputation dépend de la voix de ceux à qui l'opulence a donné le crédit : de maniere que l'amour propre a ce secret de rendre avare non seulement ceux qui possédent les richesses, mais aussi ceux qui n'en ont point. Il n'y a pas moins d'avarice à faire des lachetez pour avoir du bien qu'à le cacher sans dispensation quand on le posséde, c'est la même chose d'aller au devant d'un riche qui nous fuit, comme de s'éloigner d'un pauvre qui nous suit ; on est avare en cherchant le bien comme en le gardant, et l'amour propre n'en est pas moins violent, car l'on s'aime par raport à la fortune lors qu'on se hait par raport à l'honneur, et les femmes sont bien sujettes

---

93 Var. ... à tous,...

94 Reprise d'un autre développement de Senault sur les trois vices fondamentaux : « Le premier est l'Amour de la Beauté, qu'on appelle incontinence ; le second est l'Amour des richesses qu'on appelle l'Avarice ; le troisième est l'amour de la Gloire, qu'on appelle Ambition » (Senault, *op. cit.*, p. 175).

95 Var. ... croions pouvoir...

à cette espece d'avarice que l'amour propre enfante ; elles ne considérent les gens qu'en veüe de leur fortune, et l'abondance des biens est la clef de leur estime ; elles mesurent même ordinairement le merite à la bourse, car lors qu'elles font l'éloge de quelqu'un, la fortune a son rang dans le panegirique, et rarement même le font-elles complet d'une personne pour qui toutes les vertus se déclarent, et à qui la fortune est contraire, et cela parce que l'amour propre ne permet pas à une femme d'élever le merite d'un autre, qui n'a que de bonnes qualitez à faire admirer, sans avoir du bien pour nourrir leur esperance ; tant il est vrai que l'on s'aime souverainement, et que l'on ne sçauroit aplaudir, ni rechercher une personne que l'on ne s'en promette être une utilité particuliere en quelque maniere que ce puisse être, et que l'on ne s'asseure par esperance un bien propre qui est la cause de celui que l'on fait aux autres, en justifiant leur conduite, ou en proclamant leur vertu, source de tous les maux, de tous les vices et de toutes les erreurs. Amour propre si étendu, si secret et si négligé, que n'estes-vous poursuivi avec le même zéle qui animoit à vous persécuter, les Apostres et les Vierges de l'antiquité ; à vous immoler sous le joug rigoureux de la penitence ou du martyre ; qu'il seroit beau de voir encore aujourd'hui non pas ce sacrifice où le sang se versoit pour soûtenir la verité de la religion ; mais ces retraites où les larmes se répandent en abondance pour la conversion des pecheurs ; ces assemblées de Vierges illustres, encore plus par leur vertu que par leur naissance, qui passoient leur vie dans l'exercice cruel[96] d'une mortification aussi continuelle que volontaire, ces vierges qui ont servi d'exemple à nostre siécle, et qu'il est à craindre qu'il ne soit le seul qui reste aux siécles futurs ; ces vierges, dis-je, en qui l'amour propre avoit eu[97] beau murmurer, s'agiter, agir, résister : elles ne l'avoient senti que pour le mieux combatre, et leur soin animé d'une volonté courageuse et éclairée avoit sçu vaincre tous les mouvemens d'une nature rebelle et corrompüe ; mais le désir que je forme sur ce sujet est aussi inutile que les paroles que j'écris. On a beau voir les écrits[98] qui le blâment et sentir les mouvemens qui le condamnent, il est plus fort

[96] Var. ... l'exercice d'une mortification...
[97] Var. ... avoit beau murmurer...
[98] Var. ... les ouvrages...

que nous-mêmes et il seroit impossible de le vaincre sans la grace qui nous encourage et qui nous éléve, et cette grace ne nous manque jamais si nous la demandons avec un veritable désir de l'obtenir ; c'est tres-souvent la nonchalance des demandes qui rend la priere infructueuse ; il faut du zele pour obtenir la victoire d'une passion qui assoûpit nostre volonté, et qui sçauroit être vaincüe sans ferveur, parce qu'elle est de toutes les passions celle qui est la plus amie du repos, toutes les autres passions ne peuvent user de leur violence sans donner du mouvement au cœur, à l'esprit et au corps ; mais l'amour propre agit de toute sa force dans la tranquillité la plus parfaite, et il ne lui faut ni mouvement, ni agitation, son action malheureuse ne demande point d'effort pour être réelle dans l'état et dans la situation la moins troublée, où une créature puisse être, elle peut avoir de l'amour propre jusqu'à l'excès, et si cette passion se trouve quelquefois dans le trouble, elle se trouve aussi dans la paix, c'est ce qui la rend si ordinaire aux femmes, la vie mole qu'elles ménent, la bagatelle qui les amuse dans une indolence et une oisiveté continuelle est un apas pour l'amour propre, et il n'est rien de plus naturel que de s'aimer beaucoup en menant le trein de vie des femmes d'aujourd'huy ; je ne m'étonne pas si au jugement des plus sages, toutes les vertus qu'elles font paroître sont soupçonnées[99], et si l'on a peine à s'imaginer qu'il sorte quelque chose de parfait d'un sujet qui ne l'est pas ; car ordinairement ces dehors de modestie qui seroient des preuves de pieté ne le sont que de bigotteries, leur fermeté n'est qu'une pure obstination et leur enjoüement est toûjours indiscret ; mais d'où vient que ce qui est vertu ou qualité loüable est vice et desordre chez elle(s), c'est que l'amour propre leur fait faire le choix des vertus qu'elles embrassent, elles se donnent à la pieté parce que leur temperament les porte à une vie paisible et sérieuse, et souvent parce qu'elles aiment mieux la médisance que la volupté et qu'on peut parler des autres quand on ne fournit pas aux autres de quoi parler de nous. Elles soûtiennent leurs opinions sans relâche et sans raison, parce qu'elles les aiment et non parce qu'elles les connoissent, et ce qui fait qu'elles ne cedent jamais, c'est que les idées fausses dont elles se préviennent, leur tiennent lieu de raison veritable, elles veulent qu'elles passent de mesme auprès des autres, et qu'une mauvaise raison triomphe d'une bonne qu'on leur a

---

[99] Var. ... sont suspectes,...

donnée, et que le dernier qui parle soit reputé victorieux. Elles sont toûjours seures de leur fait sur ce chapitre ; mais de plus si elles se permettent un agrément de vivacité, ce n'est jamais avec la modération necessaire à l'enjoüement pour l'autoriser ; c'est toûjours sans mesure qu'elles se donnent à quelque chose ; leur sérieux est outré ou leur joy déreglée, et ce point de verité qui laisse l'ame dans une équilibre ne se rencontre point chez elles ; parce que l'amour propre les porte toûjours aux extremitez les plus blâmables, et ne leur laisse voir l'excès qui gâte toutes choses que dans les autres, et jamais en elles-mêmes. Cet amour propre efface tellement toutes les bonnes qualitez dans les femmes, que si elles sont capables d'érudition et de politique, c'est avec tant de prévention, que l'on découvre plutost leur orgueil et leur finesse que leur aplication et leur prudence. Vous ne voyez point dans les choses d'esprit une femme habile agir comme un habile homme, il y a toûjours de la gloire ou de la foiblesse qui gâte ce qu'elle sçait, et ce n'est pas sans raison que l'usage leur interdit les sciences[100]. Tres souvent l'étude gâte plus une femme qu'elle ne la perfectionne ; et leur naturel cultivé par une droite raison est toûjours plus solide et plus agréable que quand leur esprit s'est tourmenté, pour aprendre plus[101] en veuë de paroître sçavoir, que de sçavoir effectivement. Pour ces desseins qu'un bon entendement conçoit, ces projets qui font leur séjour dans des textes utiles à l'Etat, ces grandes entreprises qu'il faut concerter avec sa raison et toute la raison des autres, rarement les trouve-t-on dans l'esprit des femmes, de qui l'entendement n'est pas le plus fort et qui se gouverne(nt) par imagination. La vivacité les emporte quelquefois jusqu'à concevoir de justes idées pour de grandes choses, mais l'assiette[102] fixe de l'esprit qui seroit necessaire pour maintenir ce premier effort ne se rencontre point chez elles. La réflexion, loin de fortifier l'idée, l'efface, et le

---

[100] On retrouve ici l'état d'esprit de Claude Fleury, dans son *Traité du choix et de la méthode des études*, de Fénelon, plus discret, de Bossuet dans le *Panégyrique de sainte Catherine*, et de Madame de Maintenon. Voir *Histoire du féminisme français*, t. I, p. 220-221.

[101] Var. ... plûtost...

[102] « Assiette, se dit figurément en choses spirituelles & morales. Quelque fortune ou adversité qui arrive à un Stoïque, son esprit demeure toûjours en une même assiette » (Furetière).

goût qu'elles trouvent dans la beauté d'un grand dessein qu'elles se proposent a fait place au plaisir qu'elles prennent à détruire la resolution qu'elles avoient formée, et comme cette mobilité d'opinions, leur est naturelle à cause de l'amour propre qui les domine, elles ne sont ni tres savantes ni tres sages, et cependant elles auroient plus de facilité à l'estre que les hommes, si elles vouloient s'attacher à détruire cette passion de l'amour propre ; c'est le fond d'une prévention sans cause, et d'une délicatesse sans raison qui les prive de tous ses[103] grands talens, pour lesquels leur naturel semble estre formé[104], si l'amour d'elles-mêmes étoit effacé, et que par un genereux effort, elles s'arrachassent à cet attrait trompeur qui les amuse, une femme habile iroit assurément plus loin qu'un homme n'a esté ; sa vivacité, sa penétration, sa délicatesse, le feu de son courage, la subtilité de ses idées qui sont poussées par un mouvement plus promt que dans les hommes, les(la) rendroi(en)t capables de plus grandes entreprises, et de plus promtes executions, et en même tems le flegme qui les(la) tempére quand elles le veulent[105], leur(luy) rendroit possibles les attentes ennuieuses par lesquelles il faut passer pour arriver à la gloire, à la fortune, et à la verité. Rien ne seroit difficile à un sexe à qui rien n'est presque possible, parce que l'amour propre lui fait paroître toutes les peines insuportables, tous les soins fâcheux, toutes les occupations chagrines et hors le plaisir qu'il propose, tout le reste paroît triste. On a peine à donner quelque moment aux exercices de la Loy où le devoir et la necessité nous obligent. On trouve ces momens si longs, quelque cour(t)s qu'ils soient, que le plus foible motif qui peut nous exemter d'en remplir les devoirs, nous paroît legitime, nous nous en servons, et tout nous est une raison, pour abandonner la raison.Voilà les foiblesses, les injustices, et les desordres, où l'amour propre conduit. On ne sçauroit s'en garantir que par un genereux mépris de soi-même qui nous met à l'abri des considérations que nous avons pour nos interests ; et qui nous inspire une dureté necessaire, une severité qui châtie les moindres défauts, et cette vertueuse qualité que l'on trouve dans l'humilité profonde, est la source des autres vertus, la perfection est attachée à sa pratique, elle sanctifie tous les mouvemens naturels,

---

[103] Var. ... ces...
[104] Var. ... formé. Si l'amour...
[105] Var. ... quand elle le veut,...

et les femmes[106] fortes qui ont servi d'exemple à la posterité, étoient penetrées de haine d'elles-mesmes, aussi bien que les Dames chrétiennes d'aujourd'huy. Nulle personne ne pourra estre au dessus des revers de la fortune et des accidens de la vie que celles qui seront au dessus d'elles mêmes. Nulle personne ne sera capable d'une pleine raison et d'une parfaite sainteté que celle qui pourra se vaincre et se hair, c'est pourquoy nulle femme ne doit se flatter d'être raisonnable, sage et parfaite, si elle a beaucoup d'amour propre ; elles[107] ont tant de privilege au dessus des hommes, que cela devroit les animer à vaincre une passion qui les rend inferieures au sexe fort. Ce n'est pas une chose impossible que leur perfection leur demande, elles peuvent sans rien diminuer de leur fortune, de leur crédit, de leur beauté, et de leur repos se rendre dignes de l'estime des plus sages, elles n'auroient qu'à mettre[108] un plus d'ordre, de verité et de justice dans leurs pensées, dans leurs discours et dans leur conduite, et bientost l'amour propre se verroit effacé de leur ame et banni du monde, et à la gloire du beau sexe, il faudroit confesser qu'elles auroient plus vaincu dans cette passion que le courage et la valeur des hommes n'ont fait depuis tant de siécles.

FIN

---

[106] Var. ... naturels. Les femmes...

[107] Var. ... d'amour propre. Les femmes...

[108] Var. ... à se prescrire un peu...

APPENDICE I

Notice

Dans le mois qui suivit la mort du Père Bourdaloue, survenue le 13 mai 1704, *Le Mercure galant* publia un éloge funèbre de la main de Madame de Pringy, même si elle n'était pas expressément nommée comme en étant l'auteur.

L'attribution toutefois ne fait pas de doute, compte tenu d'une part des allusions du *Mercure*, et d'autre part de l'éloge que fera le *Mercure*, un an plus tard, de *La Vie du Père Bourdaloue*, de la main de Madame de Pringy.

En juin 1704, le chroniqueur du *Mercure* s'adresse à sa correspondante (fictive), en lui disant :

> Je vous envoye l'Eloge que je vous ay promis à la fin de ma derniere Lettre. J'ay appris depuis ce temps-là que cette piece d'Eloquence a esté faite par une personne de vostre Sexe, ce qui doit faire redoubler les applaudissemens qui sont dûs à cet Ouvrage. Ce n'est pas la premiere fois que la même personne s'en est attirée de grands par d'autres Ouvrages qui ont fait beaucoup de bruit dans le monde.

On remarquera dans ce discours tous les grands thèmes sous-jacents à la pensée de Madame de Pringy : faiblesse de la nature humaine, aisément confondue par l'amour-propre ; nécessité de la grâce divine pour élever l'être humain au-dessus de ses « infirmitez ». Dans ce contexte spirituel, le Père Bourdaloue apparaît comme le phare de l'humanité, répandant la lumière de la vérité chrétienne sur les âmes désemparées.

Le discours fait aussi allusion à une légende selon laquelle le Père Bourdaloue prononçait ses sermons les yeux fermés, comme s'il était constamment emporté par une transe mystique et, tel un apôtre, diffusait ainsi la parole divine. Jean Calvet s'est étonné de ce qu'aucun témoignage de l'époque n'ait évoqué cette habitude du prédicateur de garder les yeux fermés, et met donc la légende en doute : « Madame de Sévigné, si avide de pittoresque[1] » n'en parle guère, constate

---

[1] Jean Calvet, *op. cit.*, p. 326.

l'historien. Et la légende s'appuierait donc tout simplement sur le portrait de Bourdaloue, par Jouvenet, qui ne serait qu'une reproduction de son masque mortuaire. S'il est vrai que personne jusqu'à présent ne semble avoir soutenu cette légende, on peut se demander si Madame de Pringy ne livre pas précisément un indice concernant cette curieuse habitude rhétorique : « La Grace lui mit un voile épais sur les yeux, écrit-elle, il ne vit point l'attrait des grandeurs humaines, le charme des plaisirs, le surprenant de ses talens, il ne vit que Dieu seul,... ». Nous ne croyons pas que le Père Bourdaloue prêchait constamment les yeux fermés, mais il est fort possible qu'il eût des moments où l'intensité spirituelle de sa parole, voire le souffle de l'inspiration divine, l'incitait à fermer les yeux, comme s'il était transporté par le sublime de son message. Qui mieux que Madame de Pringy aurait pu remarquer et retenir ce détail qui élève Bourdaloue, comme elle le dit, à la hauteur des anges ?

ELOGE DU PERE BOURDALOUE.

C'est en vain que la Renommée voudroit publier la gloire et les vertus de l'homme juste, il n'appartient qu'à la Religion de découvrir ce qu'il a pu faire pour elle. Les Heros dont le Panegyrique n'est qu'un enchainement des vertus morales, peuvent se confier aux cent voix ; mais les Saints dont la vie n'est qu'un tissu de vertus Chrestiennes, ne se transmettent à la posterité que par le regret que l'on a de leur perte, et par l'imitation de leurs vertus.

C'est dans nos justes regrets que l'on peut voir la perte que l'Eglise fait du Pere Louis Bourdaloüe, ce Ministre du Seigneur dont le zele éclatant a si bien fait valoir le talent qu'il avoit reçû ; ce chef-d'œuvre de l'éloquence qui sans incarner la verité, prêchoit si purement la verité incarnée ; ce prodige de connoissance, de justesse et d'expressions qui n'avoit pas moins de force pour deffendre la verité, que de fecondité pour en exprimer les beautez, nous engage à payer un tribut à la douleur quand il paye celui qu'il devoit à la nature.

L'on ne sçauroit, qu'avec des larmes, voir disparoistre de l'Eglise militante, cette lumiere que nulle ombre n'a obscurcie, ce flambeau qui pendant six lustres a éclairé toute la France, cet homme parfait par la droiture de son cœur autant que par l'excellence de son esprit.

Si la douleur que l'on doit avoir de sa perte est si legitime, la reconnoissance que l'on doit à ses travaux, est un engagement indispensable, et nos loüanges doivent accompagner nos regrets, puisqu'il nous faut pleurer celui que nous admirions.

Il n'y eut jamais de merite plus extraordinaire et plus uniforme. Il joignoit à la vivacité la plus étonnante, la solidité la plus parfaite ; et nous pouvons le regarder comme le plus Chrétien et le plus excellent des Predicateurs ; comme le plus Chrétien, puisqu'il a presenté la verité dans toute la pureté de sa doctrine ; comme le plus excellent, puisque jamais homme n'a dit tant de choses en si peu de mots, ni tant de mots sans superflu et sans redites. Predicateur Chrétien, il a eu le zele d'un Apostre, c'est la premiere consideration : Predicateur excellent, il a eu l'esprit d'un Ange ; c'est la seconde, et le sujet de nostre admiration.

Cet homme de Dieu commença sa carriere comme l'Apostre. La Grace lui mit un voile épais sur les yeux, il ne vit point l'attrait des grandeurs humaines, le charme des plaisirs, le surprenant de ses talens, il ne vit que Dieu seul, et dans le respectueux tremblement d'une ame innocente qui contemple attentivement la Majesté du Tres-Haut, il forma le dessein d'estre absolument à lui sans partage et sans delay.

La majesté de nostre sainte Religion se presenta d'abord à ses yeux, la verité de ses dogmes s'y révela, la sainteté et l'impenetrabilité s'y graverent ; enfin la grandeur et la divinité de la Loy de J. C. s'imprimerent dans son cœur et le déterminerent à l'étude d'un Dieu Crucifié.

Quel progrès ne fit-il point dans ce vaste occean des veritez éternelles. Toûjours attentif et toûjours enrichi, il ne fut pas longtemps sans répandre les lumieres qu'il avoit reçuës, il fut élevé par la misericorde de Dieu au dessus de la nature, et il y éleva les autres par la parole, il sentit la necessité de la Grace, et la puissance du Reparateur, par les continuelles victoires qu'il remporta par la force de son saint Nom ; et comme un veritable Apostre, il fit de l'homme foible qui l'écouta, l'homme éclairé qui le suivit.

Revestu du sacré Sacerdoce, il en connut toute la sainteté et toute la dignité ; il en remplit aussi tous les devoirs sans se soustraire à aucun, sous pretexte de necessité. Toutes ses idées estoient soûmises à la foy. Ses maximes portoient à la Morale la plus exacte, et son exemple estoit l'écho de sa parole.

Dans les Dogmes, toûjours d'accord avec l'Eglise. Dans la Morale, toûjours semblable aux preceptes de Jesus-Christ, et dans la Pratique, dérobant à la nature pour donner à la grace.

L'admiration qu'il devoit au Seigneur ne finissoit en luy, que par la meditation des vanitez du monde ; et la reflexion qu'il faisoit sur les vains projets des hommes, l'élevoit au dessus de leurs foiblesses, pendant qu'il travailloit à les guerir de leurs infirmitez.

C'est au milieu de ces saints exercices que sortoit cette odeur de suavité qui faisoit goûter sa doctrine. Il montoit dans la çhaire de la Verité selon l'intention de l'Eglise ; le zele de la Maison de Dieu l'enflammoit, et il estoit animé de son esprit. Le joug imperieux des raisons humaines ne l'a jamais assujetti, il n'estoit soûmis qu'à la Foy et à la Verité : il la puisoit dans les Saintes Ecritures, et la répandoit dans les ames pour y faire germer la Predestination des Saints.

Sans violence et sans dureté, il estoit juste ; sans foiblesse et sans tolerance, il estoit doux ; sans emportement et sans promptitude, il estoit vif ; sans rigueur, il estoit fort ; et sans relâche il estoit Chrestien.

Que n'a-t-on point vû de son zele dans l'exercice de son ministere. Plein d'ardeur que la verité inspire, il transportoit les ames au dessus de cette region des morts où la nature les attire, et les élevoit malgré le poids des sens et des habitudes, jusques au goust de la verité. Il ébranloit une ame au seul nom de l'Eternité, il l'attiroit par celui de la felicité ; et pendant qu'elle se trouvoit interdite par ces veritez, elle estoit assujettie par la victorieuse misericorde de Dieu.

Il élevoit même les ames les plus sensibles au dessus d'elles-mêmes, il leur presentoit la grandeur de la Majesté Divine, avec tant de zele, que le fremissement de leur adoration brisoit leur cœur. Leur amour propre alors loin de favoriser leur erreur, cherchoit sa ressource dans l'imitation du zele par lequel elle venoit d'estre confondue.

Qui nous a jamais donné une idée plus parfaite du neant des grandeurs humaines, le Pere Bourdaloüe presentoit les estres dépouillez des apparences que causent nos illusions ; et remettant les choses dans l'ordre de leur nature, il conduisoit l'homme au point de vûe de la verité, et c'est ainsi que le zele apostolique qui l'animoit, le rendoit le plus chrestien des Predicateurs : Mais l'esprit angelique qu'il avoit reçu, le rendoit le plus excellent ; c'est le second motif de nos regrets et de nostre admiration.

Rien ne marque si sensiblement la superiorité d'un esprit, que de penetrer aisément la verité et de l'exprimer facilement. C'est sous cette idée que nous concevons de quelle maniere agissent les Anges. Ces pures intelligences voyent Dieu, voilà leur penetration. Elles veulent l'aimer, voilà leur expression. Or cet acte exprimé qu'elles produisent perpetuellement fait l'excellence et le bonheur de leur nature ; mais la nature humaine n'a pas le même avantage. L'homme ne voit Dieu qu'imparfaitement. Dieu est visible et caché pour luy. L'homme ne l'aime que foiblement, parce que son desir est partagé, aussi bien que sa connoissance, il n'a pour découvrir la verité que l'attention, et pour l'exprimer que la parole. Celuy dont nous pleurons la perte a bien fait valoir ces deux moyens. Attentif sans interruption, il découvre dans le sein de la vérité, le mystere de sa perfection et de la sanctification des autres. Juste et fecond dans ses expressions, la parole estoit en luy une beauté toûjours ancienne et toûjours nouvelle, qui comme un glaive à deux tranchans, renversoit l'obstination de l'Impie et soûtenoit la timide confiance du Juste.

L'on n'a jamais vû l'eloquence humaine s'élever aussi haut, que dans la bouche de cet Orateur Chrétien. Fier de porter la verité toute pure, elle osoit paroiste dans tout son éclat, parce qu'il ne l'employoit que pour soumettre les esprits et les cœurs sous le joug de Jesus-Christ.

Jamais le feu, le vif, le surprenant d'une imagination brillante n'a mieux servi la verité. Il avoit tant de facilité pour en exprimer les traits, et tant de force pour en exprimer les caracteres, que l'on estoit contraint d'avoüer en l'écoutant qu'il ne pouvoit estre imité.

Il a servi l'Eglise sous cette pompeuse figure d'un Astre nouveaux [sic] que la ressemblance de nulle autre n'avoit annoncée. Merveilleux dans ses discours les plus simples, simple dans le merveilleux de ses plus excellens Discours. On reconnoissoit que les dons du Ciel étoient répandus sur lui avec abondance, et qu'il estoit le plus Chrestien et le plus excellent des Predicateurs.

Ce parfait modele d'un homme Apostolique ne peut estre trop à regretter, et la douleur des témoins de son éloquence leur fait encore entendre la voix dans le silence de son Tombeau.

Juin 1704.

APPENDICE II

Lettre de M. l'Abbé de... à Madame de Pringy[2]

MADAME,

Vous pouvez toutes choses, après les effets de vostre Livre du Caractère des femmes de ce siecle. Il faut que je vous avouë l'usage que j'en ay fait. Je suis devenu le Predicateur de vos productions. Trop heureux Madame, de pouvoir dire, ce que vous sçavez penser. J'ay prêché ce que vous avez écrit ; mais j'ignorois jusqu'où pouvoit aller la vertu de vos Ouvrages. Je n'estois pas accoûtumé de toucher le cœur si facilement, et je sens bien que je vous dois la premiere conversion que j'aye faite. Aurois-je pû esperer de reduire une Bigote, si vous ne m'en eussiez donné le moyen ? Que de vivacité et de feu, quand vous condamnez l'hypocrisie ? Il semble qu'elle fuye quand vous en parlez, et l'on ne se promet pas moins, que de la confondre, quand vos paroles servent d'armes pour la poursuivre. Je viens, Madame, de l'experimenter. Une Bigotte [sic], dont je n'esperois plus rien s'est renduë à la force de vos expressions. Son obstination à bout par vos raisons, a cedé à la verité. Elle est venuë me trouver pour m'avouër que rien ne l'avoit si vivement touchée que mon discours ; qu'elle s'estoit enfin reconnuë pour se haïr, dans le Portrait que j'en avois fait. Jugez, Madame, de vostre Triomphe, après une semblable Victoire. Si j'ay jamais occasion de condamner les autres Caractères que vous dépeignez si parfaitement, je m'en promets une défaite assurée ; puisque celuy-là n'a pas tenu contre l'éloquente verité que l'on trouve dans tout vostre Livre. Et je ne connois que trop tard, qu'il faut développer les replis du cœur, et le presenter tel qu'il est à l'attention des Auditeurs, pour les toucher jusqu'au point de se reconnoistre. Il n'y a que vous, Madame, qui sçachiez tirer la verité de ce cahos d'erreur dont on l'enveloppe pour la presenter aux yeux mesmes de ceux qui la blessent, et en tirer tout le fruit qu'on en peut attendre : et l'on peut dire qu'il faut bien être attaché aux vices que vous condamnez, pour ne pas se rendre aux vertus qui les combattent ; et je ne croy pas,

[2] Cette lettre figure à la fin de l'édition de 1699 des *Differens caracteres des femmes du siecle*.

malgré l'exactitude de vostre morale et la corruption du siecle, que vous ayez autant d'envieux que d'admirateurs.

J'ay trouvé des femmes, qui, quoy qu'elles fussent encore tres coquettes, ne refusoient point de blâmer leur Caractère, n'osant blâmer vostre Livre, et confessoient avec une rare sincerité, que jamais la verité, qui les condamne, n'avoit eû accès auprés d'elles, que depuis que vous la leur aviez presenté.

Elles ont même avoüé qu'elles vous croyoient la femme du monde la plus habile ; puisque vous aviez pû faire trouver bon ce qui ne flattoit pas. Enfin, Madame, puisque la critique toûjours envieuse n'a pû vous rendre toutes les femmes contraires : je ne desespere pas que le goût qu'elles ont eû à vous approuver, ne leur donne de l'émulation à vous suivre. On voit bien, Madame, qu'ayant voulu comprendre la plus part des femmes dans les six Caractères qui sont dans vostre Livre, vous vous estes, sans y penser, comprise vous-mesme dans les vertus qui y sont opposées ; car il faut les posseder parfaitement pour les décrire aussi bien que vous le faites. Et si vous avez mis tant d'éloquence dans la description de ces defauts, qu'il semble que vous prétiez quelque beauté aux plus mauvais Caractères : On peut dire aussi que chaque vertu y paroist avec un nouvel éclat, qui la fait aimer souverainement, et que vous ne sçauriez la peindre avec de si vives couleurs que vous n'ayez des sentimens qui y répondent, et que vous ne soyez vous mesme la condamnation du déreglement et de la foiblesse du Sexe. Je suis,

MADAME,

Vostre tres-humble, et tres-obéissant serviteur
de**

INDEX DES NOMS PROPRES

BIBLIOGRAPHIE

Œuvres authentifiées de Madame de Pringy

Les Differens caracteres des femmes du siecle et la Description de l'amour propre, Paris, 1694. (réédition, Paris, 1699)
L'Amour à la mode. Satire historique, Paris, 1695.
Junie ou les sentimens romains, Paris, 1698.
Critique contre la prevention, Paris, 1702.
Vie du Père Bourdaloue de la Compagnie de Jésus, Paris, 1705.
Traité des vrais malheurs de l'homme, Paris, 1707.

Discours de Madame de Pringy

Le Triomphe du Roy sur la Religion Protestante, Mars 1688.
Discours sur le discernement du roi dans le choix des personnes à qui sa majesté a confié l'éducation du duc de Bourgogne, dit Louis de France, Juin 1690.
A la gloire de Monseigneur le Dauphin, sur son retour d'Allemagne, Novembre 1690.
Sur la prise de Mons, Avril 1691.
La Victoire Parlant au Roy sur la prise de Namur, Juillet 1692.
Eloge du Pere Bourdaloüe, Juillet 1704.

Œuvres faussement attribuées à Madame de Pringy

Les differens caracteres de l'amour, Paris, 1685.

Le Monde renversé, ou Dialogues [4] des génies différents qui renversent le monde, Villefranche, 1712.

Ouvrages consultés

ADAM, Antoine. *Histoire de la littérature française au XVIIe siècle*, 5 tomes, Paris, Éditions Domat, 1956.
ADAM, ANTOINE, LERMINIER, GEORGES, MOROT-SIR, ÉDOUARD. *Littérature française*, Paris, Larousse, 1967.

ALBISTUR, M. et ARMOGATHE, D. *Histoire du féminisme français*, Tome I, Paris, Éditions des femmes, 1977.

ALBUM THÉÂTRE CLASSIQUE. Paris, Gallimard (La Pléiade), 1970.

AMBROISE DE MILAN. *La Pénitence*, éd. Roger Gryson, Paris, Éd. du Cerf, 1971.

AMBROSE. *De Virginibus*, trad. James Shiel, Chicago, Scepter, 1963.

ANGENOT, Marc. *Les champions des femmes*, Montréal, Presses de l'Université du Québec, 1977.

ANONYME (RÉMOND DES COURS ?). *La veritable politique des personnes de qualité*, Paris, Jean Boudot, 1692.

ARNAULD, Antoine. *De la fréquente communion*, Lyon, Claude Plaignard, 1739.

BADY, René. *L'Homme et son « institution » de Montaigne à Bérulle, 1580-1625*, Paris, Les belles lettres, 1964.

BEAUVOIR, Simone de. *Le deuxième sexe*, Tome I, Paris, Gallimard, 1975.

BELLEGARDE, Abbé de. *Reflexions sur le ridicule et sur les moyens de l'eviter*, La Haye, Guillaume de Voys, 1720.

BERNARD (saint). « De Conversione ad Clericos », dans *Opera*, 3 vol., éd. Leclercq, Talbot, Rochais, Rome, Éd. Cisterciennes, 1957-1963.

BÉRULLE, Pierre de. *Œuvres complètes*, reproduction de l'édition princeps de 1644, 2 vol., Monsoult, Maison d'Institution de l'Oratoire, 1960.

Bibliotheque de Campagne, ou Amusemens de l'Esprit et du Cœur, Tome XII, Amsterdam, Marc-Michel Rey, 1728.

BOILEAU DESPREAUX. *Œuvres en vers, avec des eclaircissemens historiques donnez par lui-même*, 4 tomes, Amsterdam, chez les Freres C. et R. Westein, 1717.

BOILEAU, Nicolas. *Œuvres complètes*, éd. Françoise Escal, Paris, Gallimard (La Pléiade), 1966.

BOILEAU, Nicolas. *Satires*, éd. Charles H. Boudhors, Paris, Les belles lettres, 1952.

BOILEAU-DESPREAUX. *Œuvres complètes*, éd. Paul Chéron, Paris, Garnier Frères, 1861.

BOSSUET. *Œuvres*, éd. Velat et Y. Champailler, Paris, Gallimard (La Pléiade), 1961.

BOSSUET. *Œuvres complètes*, édition 1815-1820 de A. Lebel, Paris, Paul Mellier, 1851-1852.

BOURDALOUE. *Œuvres complètes*, tomes I à IV, Paris, Eudes, Libraire-Éditeur, 1872.

BREMOND, Henri. *Histoire littéraire du sentiment religieux en France*, Paris, Bloud et Gay, 1916-1933.

BUSSON, Henri. *La Religion des classiques (1660-1685)*, Paris, P.U.F., 1948.

CALVET, Jean. *La littérature religieuse de François de Sales à Fénelon*, Paris, del Duca, 1956.

CATEL, Maurice. *Les écrivains de Port-Royal*, Paris, Mercure de France, 1962.

CHILTON, Bruce. *Rabbi Jesus*, London, Toronto, Doubleday, 2000.

D'ANGERS, J. E. « Problèmes et difficultés de l'humanisme chrétien », *XVIIe siècle*, 62-63.

DAGENS, Jean. *Bérulle et les origines de la restauration catholique, 1575-1611*, Paris, Desclée, 1952.

DAGENS, Jean. « Notes bérulliennes : la source du *Bref Discours de l'abnégation intérieure* », *Revue d'histoire ecclésiastique*, XXVII, 1931.

DANIEL-ROPS. *L'Eglise des temps classiques*, Tome I, Paris, Arthème Fayard, 1958.

DARMON, Pierre. *Mythologie de la femme dans l'Ancienne France*, Paris, Seuil, 1983.

DES GRANGES, CH.-M. *Histoire illustrée de la littérature française*, 7e éd., Paris, Hatier, 1922.

DICTIONNAIRE DE SPIRITUALITÉ ASCÉTIQUE ET MYSTIQUE. Paris, Gabriel Beauchesne et fils, Tome I, 1937.

DICTIONNAIRE DES LITTÉRATURES DE LANGUE FRANÇAISE, sous la direction de J.P. de Beaumarchais, Daniel Couty et Alain Rey, Paris, Bordas, 1984.

DUCASSE, Pierre. *Malebranche*, Paris, P.U.F., 1968.

ÉTIENNE, Servais. *Défense de la philologie*, Bruxelles, Éditions Lumière, 1947.

FÉNELON. *De l'éducation des filles*, Avalon, Comyet, Imprimeur-Libraire, 1822.

FEUGÈRE, Léon. *Les femmes poètes au XVIe siècle*, Genève, Slatkine Reprints, 1669.

FRAISSE, Simone. « Le repos de Madame de Clèves », dans *Esprit*, nov. 1961.

FURETIÈRE. *Dictionnaire universel*, dans *L'atelier historique de la langue française*, Marsanne, Redon, 1999.

FURETIÈRE. *Le roman bourgeois*, dans *Romanciers du XVIIe siècle*, Paris, Gallimard (La Pléiade), 1962.

GENLIS, Madame de. *Madame de Maintenon*, 2 vol., 3e éd., Paris, Maradan, 1806.

GIBSON, Wendy. *Women in Seventeenth-Century France*, Houndsmills, Basingstoke, Hampshire, Macmillan, 1989.

GIDEL, Charles. *Les Français du XVIIe siècle*, éd. nouvelle, Paris, Garnier Frères, s.d.

GOURNAY, Marie de. *Égalité des hommes et des femmes*, éd. Constant Venesoen, Genève, Droz, 1993.

HAZARD, Paul. *La crise de la conscience européenne : 1680-1715*, Paris, Boivin, 1935.

HÉMON, Félix. *Cours de Littérature*, Tome V, Paris, Librairie Delagrave, s.d.

HERVIER, Marcel. *Les écrivains français jugés par leurs contemporains - XVIe et XVIIe siècle*, 2e édition, Paris, Mellottée, s.d.

HOFFMANN, Paul. « Le féminisme spirituel de Gabrielle Suchon », dans *XVIIe siècle*, 121, 1978.

JASINSKI, René. *Autour de l'Esther racinienne*, Paris, Nizet, 1985.

JÉRÔME. *Lettres*, édition Jérôme Labourt, Paris, Les belles lettres, 1949-1961.

LA BIBLE, Ancien et Nouveau Testaments, Paris, Gallimard (La Pléiade), 1956-1971.

LA BRUYÈRE. *Œuvres complètes*, Paris, Gallimard (La Pléiade), 1941.

LANGLOIS, Marcel. *Louis XIV et la cour*, Paris, Albin Michel, 1926.

LANSON, Gustave. *Histoire de la littérature française*, 2e éd. Paris, Hachette, 1908.

LA ROCHEFOUCAULD. *Œuvres complètes*, Paris, Gallimard (La Pléiade), 1950.

LAMBERT, Madame de. *Œuvres de Madame la Marquise de Lambert*, nouvelle édition, Tome I et II,, Paris, Ganeau, Bauche, David, 1761.

LAPORTE, Jean. *Études d'histoire de la philosophie française au XVIIe siècle*, Paris, Vrin, 1951.

LAPORTE, Jean. *La doctrine de Port-Royal*, Paris, Vrin, 1951.

L'AUBESPINE, Madeleine de. *Cabinet des saines affections*, éd. Colette H. Winn, Paris, Honoré Champion, 2001.

LE GENDRE, Marie. *L'exercice de l'âme vertueuse*, éd. Colette H. Winn, Paris, Honoré Champion, 2001.

LITTRÉ, Émile. *Dictionnaire de la langue française*, dans *L'atelier historique de la langue française*, Marsanne, Redon, 1999.

MAINTENON, Madame de. *Lettres*, Nancy, Deilleau, 1752.

MALEBRANCHE, Nicholas. *Traité de la nature et de la grâce*, éd. G. Dreyfus, Paris, Vrin, 1958.

MANDROU, Robert. *La France aux XVIIe et XVIIIe siècles*, 4e éd., Paris, P.U.F., 1988.

MASSON, Maurice. *Fénelon et Mme Guyon*, Paris, Librairie Hachette et Cie, 1907.

MICHAUT, Gustave. *Les luttes de Molière*, Paris, Hachette, 1925.

MOLIÈRE. *Œuvres complètes*, Tome I, éd. Georges Couton, Paris, Gallimard (La Pléiade), 1971.

MONGRÉDIEN, GEORGES. *Louis XIV*, Paris, Albin Michel, 1963.

MONTAIGNE. *Les Essais*, éd. Pierre Villey, 3 vol., Paris, Quadrige, P.U.F., 1965.

MORALISTES DU XVIIe SIÈCLE, dir. Jean Lafond, Paris, Robert Laffont, 1992.

MOREL, Jacques. « La place de la femme dans *Les Caractères* de La Bruyère », dans *Onze études sur l'image de la femme dans la littérature française du dix-septième siècle*, réunies par Wolfgang Leiner, Tübingen, Gunter Narr, Jean Michel Place, 1984.

NOUVELLES DU XVIIe SIÈCLE. Paris, Gallimard (La Pléiade), 1997.

ORCIBAL, Jean. *Jean Duvergnier de Hauranne, abbé de Saint-Cyran, et son temps (1581-1638)*, Paris, Vrin, 1947.

PASCAL, Blaise. *Œuvres complètes*, éd. Jacques Chevalier, Paris, Gallimard (La Pléiade), 1954.

PASCAL, Blaise. *Pensées et Opuscules*, éd. L. Brunschvicg, Paris, Hachette, 1951.

PERRAULT, Charles. *L'Apologie des femmes*, Amsterdam, Adriaan Braakman, 1694.

PRINGY, Madame de. *Les differens caracteres des femmes du siecle. Avec La description de l'amour propre* (anonyme), Paris, Chez la Veuve de Charles Coignard et Claude Cellier, 1694.

PRINGY, Madame de. *Les differens caracteres des femmes du siecle. Avec La description de l'amour propre*, Paris, Medard-Michel Brunet, 1699.

RACINE, Jean. *Œuvres*, 7 tomes, éd. Paul Mesnard, Paris, Hachette, 1870.

RACINE, Jean. *Œuvres complètes*, Tome II, Paris, Gallimard (La Pléiade), 1966.

REVUE BOURDALOUE. Genève, Slatkine Reprints, 1972.

RONZEAUD, Pierre. « La femme au pouvoir ou le monde à l'envers », dans *XVII*ᵉ *siècle*, 108.

SAGNAC, Philippe. *La formation de la société française*, tome I, Paris, P.U.F., 1945.

SAINT-CYRAN, Abbé de. *La Spiritualité de Saint-Cyran avec ses écrits de piété inédits*, éd. Jean Orcibal, Paris, Vrin, 1962.

SAINT-SIMON. *La Cour de Louis XIV*, Paris, Nelson, éditeurs, s.d.

SAINTE-BEUVE. *Port-Royal*, éd. Maxime Leroy, tome III. Paris, Gallimard (La Pléiade), 1955.

SAINTE-BEUVE. *Causeries du lundi*, 16 vol., Paris, Garnier frères, 1885.

SALES, Francois de. *Traité de l'amour de Dieu*, éd. abbé Fellon, 3 tomes, Lyon, chez Placide Jacquenod, 1738.

SALES, Francois de. *Œuvres*, éd. A. Ravier et R. Devos, Paris, Gallimard (La Pléiade), 1969.

SELLIER, Philippe. « La Rochefoucauld, Pascal, saint Augustin », *RHLF*, 69ᵉ année, 3-4, 1969.

SENAULT, Jean-Francois. *De l'usage des passions*, Paris, Fayard, 1987.

SÉVIGNÉ, Madame de. *Lettres*, 3 tomes, Paris, Gallimard (La Pléiade), 1953-1963.

SOREL, Charles. *La bibliothèque françoise*, Genève, Slatkine Reprints, 1970.

STANTON, Domna. « The Ideal of repos in Seventeenth Century French Literature », *L'Esprit créateur*, Spring-Summer 1975.

SWEETSER, MARIE-ODILE. « *La Princesse de Clèves* devant la critique contemporaine », *Studi Francesi*, 52, 1974.

TAVENAUX, René. *Le Catholicisme dans la France classique (1610-1715)*, Tome I, Paris, S.E.D.E.S., 1980.

TERTULLIEN. *À son Épouse*, éd. Charles Munier, Paris, Éd. du Cerf, 1980.

TERTULLIEN. *De Virginibus Velandis*, éd. Christoph Stücklin, Franfurt/M, Peter Lang, 1974.

TOURNAND, Jean-Claude. *Introduction à la vie littéraire du XVIIe siècle*, Paris, Bordas, 1970.

VENESOEN, Constant. *Études sur la littérature féminine au XVIIe siècle*, Birmingham, Summa Publications, 1990.

VILLETHIERRY, Girard de. *La vie des vierges*, éd. Constant Venesoen, Paris, Honoré Champion, 2000.

VINCENT, Monique. « Les pouvoirs de la femme d'après *Le Mercure galant* », dans *XVIIe siècle*, 144.

VIVÈS, Jean Louis. *Livre de l'institution de la femme chrétienne*, traduit en 1542 par Pierre de Changy, dans *Le miroir des femmes*, I, éd. L. Guillerm, J.P. Guillerm, L. Hordoir et M.F. Piéjus, Lille, Presses universitaires de Lille, 1983.

VOLTAIRE. *Dictionnaire philosophique*, dans *L'atelier historique de la langue française*, Marsanne, Redon, 1999.

WESTGATE, David. *The Augustinian concept of amour-propre, 1597-1694*, Thèse (non publiée), University of Western Ontario, London (Canada), 1968.

WESTGATE, David. « The concept of amour-propre in the *Maximes* of La Rochefoucauld », *Nottingham French studies*, vol. VII, 2, 1968.

WESTGATE, David. « The Augustinian concept of amour-propre and Pascal's *Pensées* », *Nottingham French studies*, vol. X, 1, 1971.

Sources bio-bibliographiques

ARCHIVES BIOGRAPHIQUES FRANÇAISES. Rédactrice : Susan Bradley, London, New York, KG Saur, c.1988-1991.

BARBIER, Antoine-Alexandre. *Dictionnaire des ouvrages anonymes*, Hildesheim, G. Olms, 1963.

BLANPAIN, Narcisse. *Histoire des femmes célèbres, courtisanes, aventurières...*, Paris, Bibliothèque Populaire Universelle, 1878 (?).

BRUNET, Gustave. *Supplément aux supercheries littéraires dévoilées, et au Dictionnaire des ouvrages anonymes de J.M. Quérard et A.E. Barbier*, Paris, G.P. Maisonneuve et Larose, 1964.

BURY, Blaze de. *Dames d'hier et d'aujourd'hui*, Paris, Perrin, 1898.

CHENAYE-DESBOIS, Francois AUBERT DE LA. *Dictionnaire de la noblesse*, 10 vol., réédition de la 3e édition de 1863-1876, Nancy, Berger-Levrault, 1980.

CIORANESCU, Alexandre. *Bibliographie de la littérature française du XVIIe siècle*, 3 tomes, Paris, Editions du CNRS, 1965-1966.

GAY, Jules. *Bibliographie des ouvrages relatifs à l'amour, aux femmes, aux mariages...*, Paris, L. Lemmonyer, 1894-1900.

IMBERT DE SAINT-AMAND, Arthur Léon. *Women of Versailles*, trad. E. Gilbert Martin, New York, C. Scribner's sons, 1900.

JAL, Augustin. *Dictionnaire critique de biographie et d'histoire*, 2 vol., Genève, Slatkine Reprints, 1970.

JOURNAL DES SÇAVANS. Paris, janvier 1685.

JOURNAL DE TRÉVOUX. Genève, Slatkine Reprints, 1968-1969.

LA CROIX, Jean-Francois de. *Dictionnaire historique portatif des femmes célèbres*, Paris, L. Cellot, 1769.

LAPORTE, Joseph. *Histoire littéraire des femmes françoises*, Paris, Lacombe, 1769.

LE MERCURE GALANT, Paris, Théodore Girard [etc.], 1672-1716.

LENARDON, Dante. *Index du Journal de Trévoux*, 1701-1767, Genève, Editions Slatkine, 1986.

MERCURE DE FRANCE, Paris, Pierre Ribou et Grégoire Dupuis [etc.], 1717-1832.

MICHAUD, J. F. *Biographie universelle, ancienne et moderne*, Graz (Autriche), Akademische Druck-u. Verlaganstalt, 1969 (après l'édition de Paris de 1854).

NICÉRON, Jean-Pierre. *Memoires pour servir à l'histoire des hommes illustres dans la république des lettres...*, Genève, Slatkine Reprints, 1982.

PRUDHOMME, Louis Marie. *Biographie universelle et historique des femmes célèbres...*, Paris, Lebigre, 1830.

QUÉRARD, Joseph-Marie. *La France littéraire, ou Dictionnaire bibliographique des savants, historiens et gens de lettres de la France*, etc., Tome VII, Paris, Maisonneuve et Larose, réimpression de 1964.

SAINT-SIMON, F. de. *Dictionnaire de la noblesse française*, supplément, Paris, Editions Contrepoint, 1977.

SÉRÉVILLE, Étienne de. *Dictionnaire de la noblesse française*, Paris, Société française, S.E.C., 1976 (?).

SOMERVOGEL, *Table méthodique des Mémoires de Trévoux*, Éditions Slatkine, 1969.

VINCENT, Monique. *Mercure Galant Extraordinaire. Affaires du temps.* Paris, Honoré Champion, 1998.

TABLE DES MATIÈRES

IMPRIM'VERT®

Achevé d'imprimer par Corlet,
Condé-en-Normandie (Calvados),
en Avril 2022
N° d'impression : 175803 - dépôt légal : Avril 2022
Imprimé en France